méditation attitude

les chemins

de la

sagesse

et de

l'harmonie

méditation attitude

Christopher Titmuss

photographies de Rob Mitchell

SOLAR

Titre original : THE POWER OF MEDITATION
Publié pour la première fois en 1999
par The Apple Press/Quarto Publishing,
6 Blundell Street, Londres N7 9BH

Traduction-adaptation : Marie-Claire Seewald

ISBN : 2-263-03266-5
Code éditeur : S03266
Dépôt légal : décembre 2001
1re édition

Direction artistique : Elizabeth Healey, Moira Clinch
Conception graphique : James Hitchens
Photographies : Rob Mitchell
Illustrations : Chen L'ing

Adaptation française : Marie Vendittelli, Looping

Imprimé par Milanostampa spa, Italie

Catalogue sur demande,
SOLAR - 12, avenue d'Italie, 75013 Paris
Site Internet : www.solar.tm.fr

Sommaire

Pourquoi méditer ?

Méditation et concentration
Nous méditons sans le savoir à chaque fois que nous nous concentrons.

La méditation a le pouvoir extraordinaire de transformer notre vie. Elle constitue une manière d'appréhender notre moi réel, de contrôler notre vie intérieure et nous permet d'évacuer la tristesse, les conflits et les névroses. Grâce à la méditation, nous maîtrisons nos sensations, nos pensées, nos perceptions, notre corps, notre santé, nos énergies, notre conscience et toutes nos expériences. Il est possible de s'y livrer à tout moment de la journée, en utilisant différentes postures.

CET OUVRAGE A POUR BUT de présenter aux lecteurs diverses techniques de méditation qui les aideront au quotidien. Elles contribueront ainsi à leur apporter la santé physique, la joie et la paix de l'esprit, mais aussi une merveilleuse connaissance de ce que peut être une vie plus authentique. En effet, la méditation nous aide non seulement à nous libérer de certains aspects négatifs de notre personnalité, mais aussi à atteindre la véritable sagesse.

Les néophytes ont tendance à penser que les techniques de méditation sont toutes les mêmes et tendent vers un même but. Cette opinion est erronée. Tout comme les médecins utilisent différents médicaments pour traiter une maladie, la méditation s'appuie sur une vaste gamme de méthodes pour résoudre des problèmes spécifiques. Il existe des pratiques pour se concentrer, revenir sur soi et se réaliser. Certaines techniques augmentent l'énergie, permettent la guérison et apportent la joie. D'autres combattent la souffrance, aident à se contrôler ou à supporter le stress. D'autres encore permettent de développer notre amour et notre compassion pour autrui.

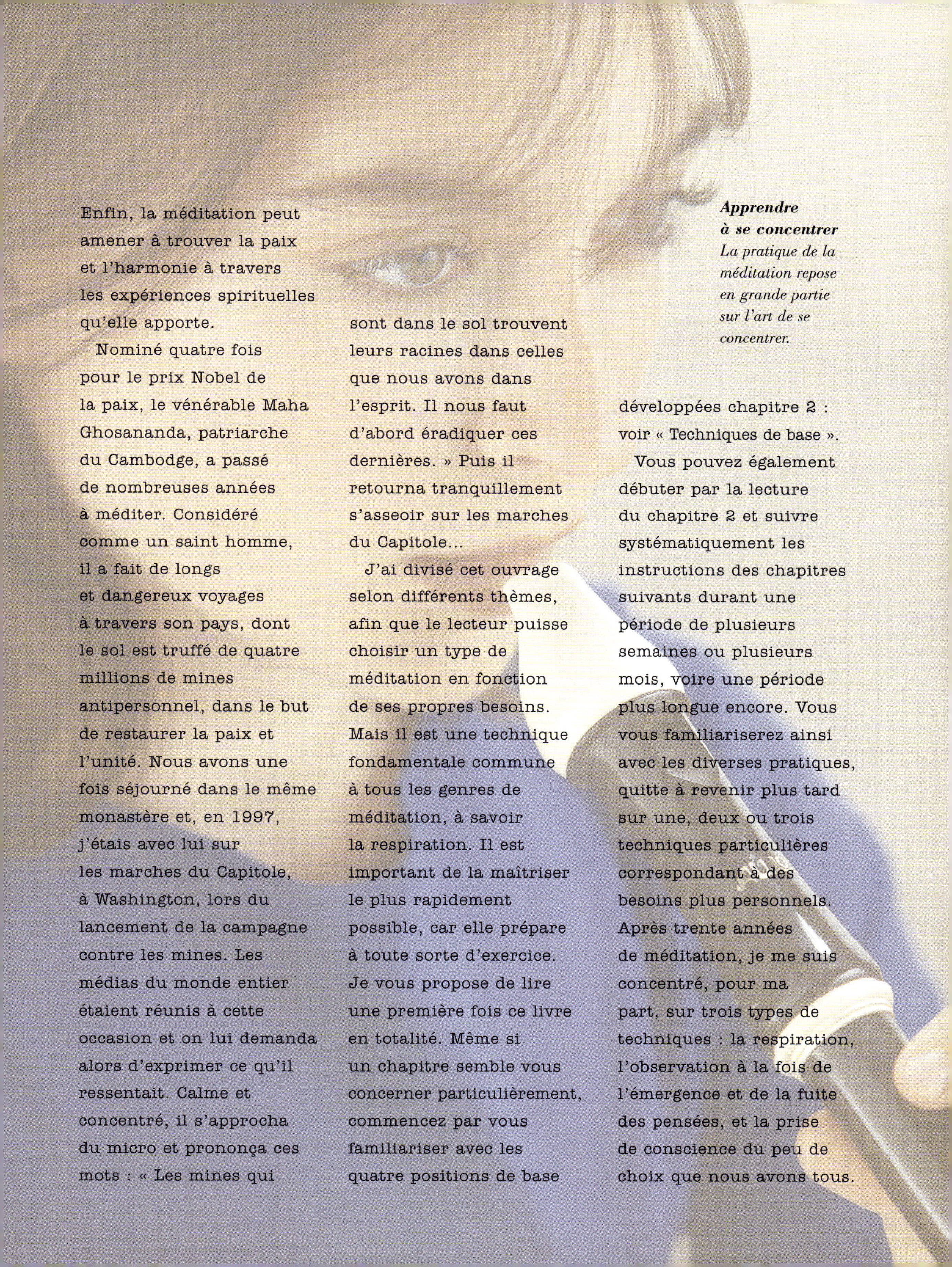

Apprendre à se concentrer
La pratique de la méditation repose en grande partie sur l'art de se concentrer.

Enfin, la méditation peut amener à trouver la paix et l'harmonie à travers les expériences spirituelles qu'elle apporte.

Nominé quatre fois pour le prix Nobel de la paix, le vénérable Maha Ghosananda, patriarche du Cambodge, a passé de nombreuses années à méditer. Considéré comme un saint homme, il a fait de longs et dangereux voyages à travers son pays, dont le sol est truffé de quatre millions de mines antipersonnel, dans le but de restaurer la paix et l'unité. Nous avons une fois séjourné dans le même monastère et, en 1997, j'étais avec lui sur les marches du Capitole, à Washington, lors du lancement de la campagne contre les mines. Les médias du monde entier étaient réunis à cette occasion et on lui demanda alors d'exprimer ce qu'il ressentait. Calme et concentré, il s'approcha du micro et prononça ces mots : « Les mines qui sont dans le sol trouvent leurs racines dans celles que nous avons dans l'esprit. Il nous faut d'abord éradiquer ces dernières. » Puis il retourna tranquillement s'asseoir sur les marches du Capitole…

J'ai divisé cet ouvrage selon différents thèmes, afin que le lecteur puisse choisir un type de méditation en fonction de ses propres besoins. Mais il est une technique fondamentale commune à tous les genres de méditation, à savoir la respiration. Il est important de la maîtriser le plus rapidement possible, car elle prépare à toute sorte d'exercice. Je vous propose de lire une première fois ce livre en totalité. Même si un chapitre semble vous concerner particulièrement, commencez par vous familiariser avec les quatre positions de base développées chapitre 2 : voir « Techniques de base ».

Vous pouvez également débuter par la lecture du chapitre 2 et suivre systématiquement les instructions des chapitres suivants durant une période de plusieurs semaines ou plusieurs mois, voire une période plus longue encore. Vous vous familiariserez ainsi avec les diverses pratiques, quitte à revenir plus tard sur une, deux ou trois techniques particulières correspondant à des besoins plus personnels. Après trente années de méditation, je me suis concentré, pour ma part, sur trois types de techniques : la respiration, l'observation à la fois de l'émergence et de la fuite des pensées, et la prise de conscience du peu de choix que nous avons tous.

La technique de base qui revient tout au long de cet ouvrage est la respiration contrôlée, qui est probablement le mode de méditation le plus couramment utilisé.

Méditation et respiration contrôlée

La respiration contrôlée vous permet de réduire votre stress, d'éclaircir votre esprit, d'augmenter vos capacités d'attention et votre niveau d'éveil. Bien que cet ouvrage présente différentes formes de méditation, je vous conseille de maîtriser d'abord celle-ci avant de passer aux suivantes. Bouddha disait que la méditation était la voie vers la lumière. Il décrivait la respiration contrôlée comme la meilleure des formes de méditation et la plus bénéfique pour ceux qui la pratiquent.

Qu'entendons-nous par le terme « méditation » ?

Je donne à ce mot un grand nombre de significations. Il existe beaucoup d'expressions dans la langue française qui véhiculent en partie les mêmes valeurs.

Parmi celles-ci :

- *Avoir conscience de…*
- *Être réceptif à…*
- *Être ici et maintenant.*
- *Être concentré.*
- *Être concerné.*
- *Avoir l'esprit aiguisé.*
- *Se concentrer sur une chose précise.*
- *Avoir conscience de ses choix.*
- *Être clairvoyant.*
- *Se focaliser sur l'instant présent.*

Combien de temps consacrer à une séance de méditation ?

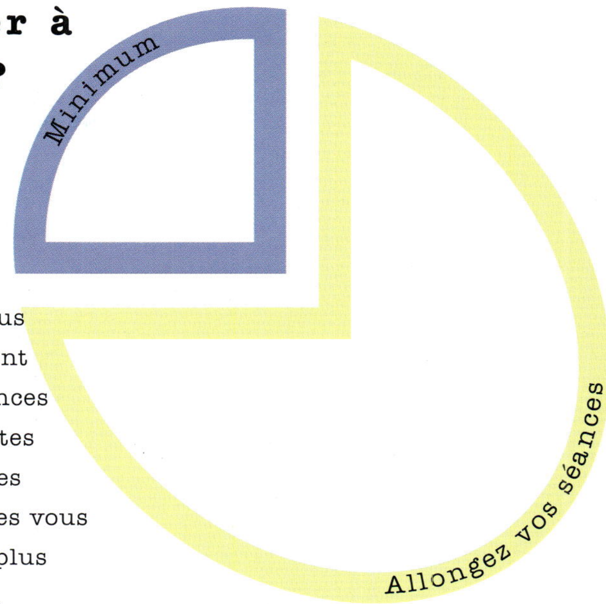

Cela varie selon les individus. Il est surtout important que vous pratiquiez régulièrement la méditation, que ce soit une fois par jour, deux fois par jour, tous les deux jours ou trois fois par semaine. Commencez en posture assise, pendant au moins 15 minutes. Le fait de détendre le corps détend aussi l'esprit. À mesure que vous progresserez, vous pourrez facilement allonger vos séances jusqu'à 45 minutes ou une heure. Des séances régulières vous apporteront les plus grands bienfaits.

La méditation peut-elle être dangereuse ?

La méditation apporte un profond sentiment de bien-être. Elle n'est pas un problème et ne doit pas en créer. Elle constitue, au contraire, un merveilleux outil pour résoudre les tracas de la vie quotidienne.

Il existe cependant des zones de la conscience sur lesquelles vous ne devez pas mettre trop de pression sous prétexte de méditer. Si votre corps tremble ou tressaute dans les postures immobiles, bougez ou dansez. Si vous avez vraiment des problèmes, adressez-vous à des professionnels (voir adresses page 108).

En pratique

- *Ne vous cantonnez pas à une seule position.*
- *Ne vous limitez pas à une seule technique.*
- *Ne vous acharnez pas à tout prix pour atteindre un résultat particulier.*
- *Ne forcez pas votre volonté ou votre intellect pour rester concentré.*
- *Soyez conscient de l'importance de la méditation.*

J'ai tenté dans les pages qui suivent de faire le tour de toutes les occasions de recourir à la méditation dans la vie quotidienne. Comme la plupart d'entre vous, je dois mener chaque jour des tâches nombreuses et variées, et je me suis tout naturellement appuyé sur mon expérience personnelle pour réaliser cet ouvrage. C'est la raison pour laquelle ce livre constitue essentiellement un guide pratique pour combattre les stress de la vie quotidienne.

La méditation, une alternative

Il arrive à chacun d'entre nous de se demander ce qu'il fait de sa vie. Nous nous apercevons que les jours, les semaines, les mois et les années passent de plus en plus vite. Nous mesurons alors le temps qu'il nous reste pour réaliser tous nos projets. Il nous arrive de nous trouver face à une longue liste de tâches à accomplir ; nous nous effrayons devant toutes les choses que nous n'avons pas faites et devant le peu de temps qu'il nous est imparti pour achever notre travail.

Il n'est pas vraiment étonnant que nous ayons l'impression de manquer de temps pour nous occuper de notre corps et de notre esprit. Nous rentrons tout droit du travail ou de l'école pour nous asseoir devant la télévision, consommant en moyenne vingt heures de petit écran par semaine, soit plus d'une journée de vie consciente pour la même période. Notre existence est ainsi partagée entre le travail ou les études, les courses, les relations sociales, la télévision et le sommeil. Il nous arrive pourtant, à l'occasion, d'aspirer à des valeurs supérieures. Certaines personnes semblent rechercher tout naturellement les raisons profondes de l'existence, mais, si nous pouvons nous inspirer de leur exemple, il nous faut trouver seuls notre voie pour accéder à la sagesse. Naguère, les religions traditionnelles constituaient un guide pour les croyants auxquels elles offraient des voies de prière et de réflexion. Aujourd'hui beaucoup d'entre elles connaissent un déclin du fait de leur décalage avec les valeurs du monde moderne. Cependant, de plus en plus d'individus sont à la recherche de ressources intérieures qui leur permettent de gérer leur vie quotidienne. La méditation est précieuse dans ce contexte. Elle constitue une alternative qui ne connaît pas les limites d'un dogme religieux. C'est probablement l'une des meilleures techniques pour parvenir à la paix intérieure et atteindre le bonheur.

Prendre le temps de méditer
Essayons de trouver le temps de méditer dans notre vie quotidienne.

Nous devons découvrir quels aspects de notre vie et de notre personnalité doivent être modifiés ou cultivés pour tirer le meilleur parti de ce que la méditation peut nous apporter.

Pour quelles raisons pratiquer la méditation ?

Dix raisons

1. *Pour contrôler le stress.*
2. *Pour dynamiser l'esprit.*
3. *Pour s'ouvrir aux autres.*
4. *Pour développer son attention.*
5. *Pour trouver la paix et la sérénité.*
6. *Pour renoncer aux mauvaises habitudes et aux addictions.*
7. *Pour guérir les anciennes blessures.*
8. *Pour surmonter la douleur et la maladie.*
9. *Pour approfondir notre vie intérieure et notre relation à l'existence.*
10. *Pour illuminer et libérer notre vie.*

Dix bienfaits

1. *Trouver la paix intérieure.*
2. *Mieux se connaître.*
3. *Se concentrer sur les priorités.*
4. *Développer des sentiments d'amour et de compassion.*
5. *Cultiver la sagesse et l'introspection.*
6. *Résoudre les situations difficiles avec efficacité.*
7. *Contrôler le processus vital de la naissance à la mort.*
8. *Maîtriser sa cupidité, son égoïsme, ses attitudes négatives et ses ressentiments.*
9. *Parvenir à s'accepter et à s'apprécier soi-même.*
10. *Accomplir des expériences spirituelles et connaître une existence libre en toute occasion.*

Penser à la nature
Le contact avec la nature contribue à harmoniser notre vie.

La méditation aide-t-elle à se relaxer ?

Nous associons couramment la relaxation au fait de n'avoir aucune tâche à accomplir. Nous prétendons nous détendre devant la télévision, dans le jardin ou au café du coin. Ces formes de distraction constituent assurément des ruptures nécessaires dans la routine quotidienne. Mais supposons que nous ayons la capacité de voir notre squelette durant ces activités. Dans bien des cas, notre colonne vertébrale est voûtée, nos hanches bancales, nos jambes et nos bras croisés de manière inconfortable. Parallèlement, notre esprit est souvent peuplé de fantasmes ou de chimères. Nous avons tendance à abuser de l'alcool, à prendre des stimulants ou à manger n'importe quoi. La méditation apporte une forme de relaxation différente. Elle nous permet de prêter attention à notre être dans sa globalité et de le détendre totalement. Il est possible de la pratiquer partout et dans presque toutes les circonstances.

Se méfier des stimulants
Les bienfaits apportés par une tasse de thé ou de café ne sont qu'éphémères.

Être en position assise
Les nombreuses heures passées chaque jour en position assise vous permettent de trouver le calme et la paix intérieure en portant régulièrement votre attention sur votre posture et votre respiration.

Exercice

1. *Posez le livre sur vos genoux.*
2. *Étirez votre dos.*
3. *Restez immobile pendant au moins 3 minutes.*
4. *Inspirez et expirez calmement en prenant bien conscience de votre corps.*
5. *Laissez votre corps se détendre sans relâcher votre dos.*

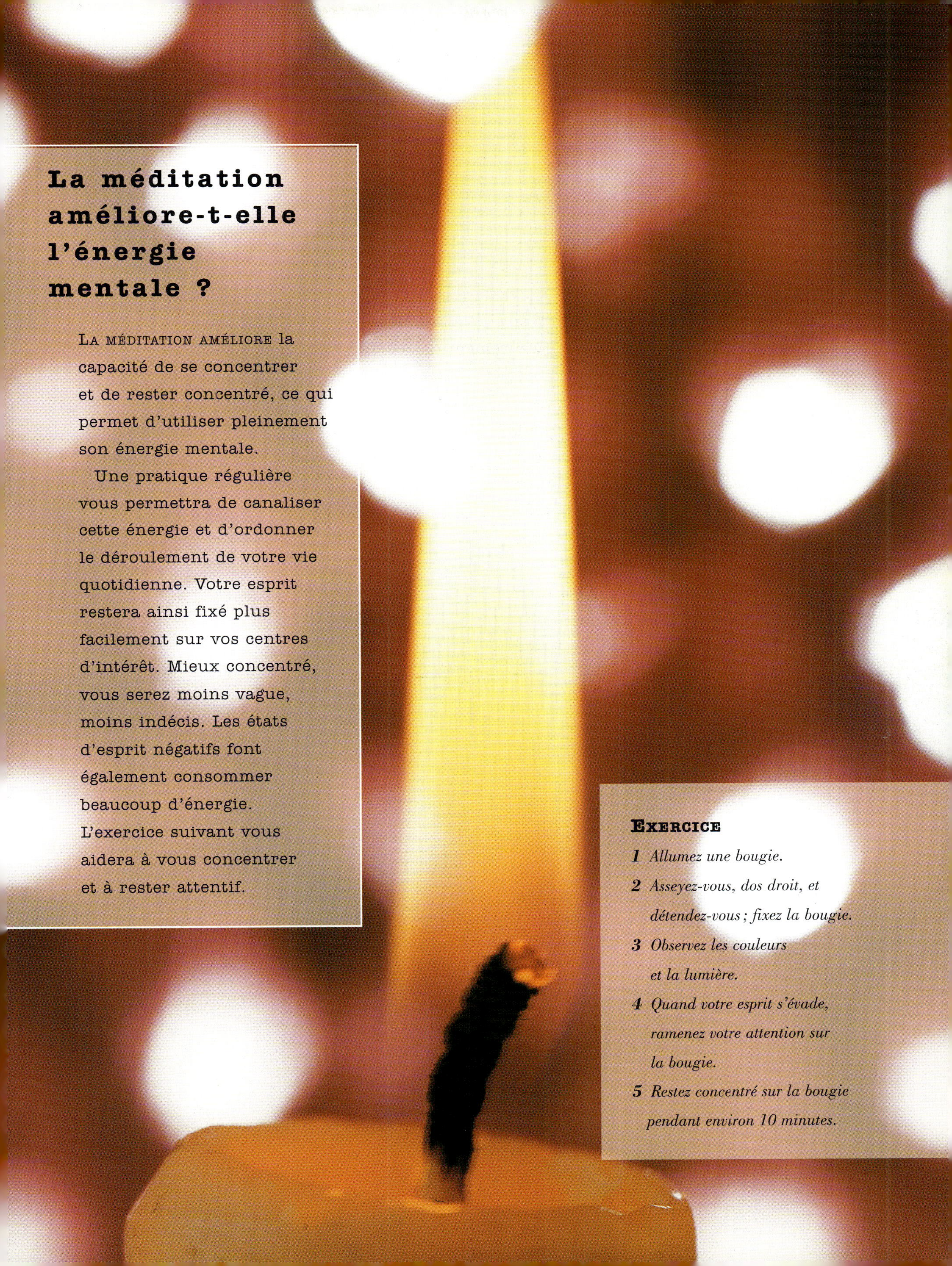

La méditation améliore-t-elle l'énergie mentale ?

La méditation améliore la capacité de se concentrer et de rester concentré, ce qui permet d'utiliser pleinement son énergie mentale.

Une pratique régulière vous permettra de canaliser cette énergie et d'ordonner le déroulement de votre vie quotidienne. Votre esprit restera ainsi fixé plus facilement sur vos centres d'intérêt. Mieux concentré, vous serez moins vague, moins indécis. Les états d'esprit négatifs font également consommer beaucoup d'énergie. L'exercice suivant vous aidera à vous concentrer et à rester attentif.

Exercice

1 *Allumez une bougie.*

2 *Asseyez-vous, dos droit, et détendez-vous ; fixez la bougie.*

3 *Observez les couleurs et la lumière.*

4 *Quand votre esprit s'évade, ramenez votre attention sur la bougie.*

5 *Restez concentré sur la bougie pendant environ 10 minutes.*

Les moments de créativité créent un flux d'énergie qui favorise l'expression de l'imagination et améliore la capacité à se concentrer. Ils ont un effet bénéfique sur votre psychisme.

Comment la méditation améliore-t-elle la créativité ?

Nous savons que certains artistes ont eu des vies tumultueuses et qu'ils ont projeté leurs expériences dans leurs œuvres. Mais l'art peut aussi exprimer la paix intérieure. Les traditions orientales ont établi que la méditation pouvait libérer les grandes réserves de créativité dont dispose chacun d'entre nous. L'exercice suivant vous aidera à maîtriser vos sensations négatives et votre agitation pour canaliser votre énergie en un flux créateur.

Éveiller la joie en soi
Le mouvement et la danse peuvent canaliser votre énergie en un flux harmonieux.

Un exercice facile

1 *Si vous avez du mal à vous concentrer, levez-vous et dansez en projetant les bras loin du corps pendant environ 10 minutes.*

2 *Faites bouger doucement votre corps dans toutes les directions.*

3 *Prenez conscience du flux d'énergie qui vous habite.*

4 *Restez attentif à ce flux pendant tout l'exercice.*

La méditation aide-t-elle à gérer ses relations amoureuses ?

Les relations amoureuses font parfois l'objet de désillusions ou de ressentiment. Nous attendons de l'autre qu'il pardonne et oublie, alors que nous sommes incapables de le faire nous-mêmes.

LA MÉDITATION n'a pas pour but d'éviter les déboires amoureux, mais elle peut aider à les gérer plus efficacement. Tant que nous nous sentons meurtris en nous-mêmes, nous n'avons pas surmonté une situation. Il est assez courant, dans ce cas, que l'autre personne impliquée tire une certaine satisfaction d'avoir encore un pouvoir sur nous.

Il n'est pas facile de se libérer de ce type d'emprise. Dans ces circonstances, plutôt que de chercher à pardonner ou à passer outre, nous aurions plutôt intérêt à développer notre sérénité devant ce qui nous arrive. Nous devons également estimer clairement si les choses peuvent ou non changer. Par exemple, si votre partenaire a rompu et que vous savez sa décision irrévocable, la méditation doit vous conduire à l'acceptation de cette situation. Tout votre chagrin ne changera rien à celle-ci.

Garder la maîtrise de soi
La vie est constituée de relations avec autrui. Essayez de rester ferme au lieu de vous empêtrer dans celles-ci.

Le processus menant à la sérénité et à l'acceptation peut toutefois être long avant que ne s'instaure la paix de l'esprit. Commencez par vous asseoir et pratiquez la respiration consciente pendant 3 minutes, puis répétez lentement dans votre tête les phrases suivantes jusqu'à ce qu'elles s'impriment dans votre esprit.

POUR LA SÉRÉNITÉ

Je dois rester calme
en cette période de changement.
Je dois rester présent
malgré les difficultés.
Je dois rester concentré
sur ce qui arrive.
Je dois pouvoir me libérer
de l'empreinte du passé.
Je ne dois rien projeter sur le futur.

POUR L'ACCEPTATION

Je dois accepter les faits.
Je ne dois pas me battre
sans cesse contre eux.
Je dois comprendre qu'une porte
se ferme et qu'une autre s'ouvre.
Je ne dois pas me complaire
dans la rancune et le chagrin.
Je dois considérer la situation
sans passion.

Il est important de comprendre ce qu'est l'énergie. La qualité de notre énergie est aussi importante que sa quantité. La méditation peut nous aider à recharger nos batteries mentales, nous rendre plus vigilants et nous apporter le calme. Elle nous apprend à maîtriser les situations plutôt que d'y réagir « au coup par coup » et de façon impulsive. Nous pouvons utiliser l'énergie tirée de la méditation à des fins égoïstes : pour affermir notre position, augmenter nos revenus ou dominer les autres. Cela peut impressionner ceux qui nous entourent, mais il y a un prix à payer. Nous devenons aveugles aux besoins d'autrui, au sens de la vie et à la connaissance profonde de soi. D'où vient donc l'énergie qui anime notre corps et notre esprit ? On pense parfois que l'énergie est une réponse à des stimuli sensoriels affectant la vue, l'ouïe, l'odorat, le goût ou le toucher. Il peut s'agir du spectacle d'un gardien de but encaissant un point au cours d'un match de football, de l'émergence soudaine d'une idée créative, ou même d'un accès de colère. Dans tous ces cas, on assiste, impuissant, à une montée brutale et rapide de l'énergie. La méditation agit différemment en ce sens qu'elle permet de stocker l'énergie habituellement brûlée par des pensées stériles, du stress ou de la résistance aux événements. Ainsi, nous gaspillons notre énergie lorsque nous nous perdons en regrets sur le passé, en vagues espoirs pour le futur et quand nous négligeons trop notre vie physique et émotionnelle. La méditation, ainsi que la concentration et que certaines formes de spiritualité apportent, au contraire, une énergie vitale. Par elles, nous touchons aux niveaux les plus profonds de notre être : nous résolvons les problèmes enfouis de notre vie intérieure tout en réussissant à nous concentrer sur l'instant. Une pratique quotidienne de la méditation faisant appel au corps, aux sensations, à la nature et aux images nous permet tout à la fois d'économiser et de créer de l'énergie. Vous découvrirez que la meilleure utilisation que vous puissiez faire de cette énergie est de la mettre au service de l'amour, de la compassion et d'actes divers dictés par la conscience aiguë de l'imbrication, les uns dans les autres, de tous les aspects de notre vie...

La méditation développe-t-elle la vigilance ?

Techniques de base

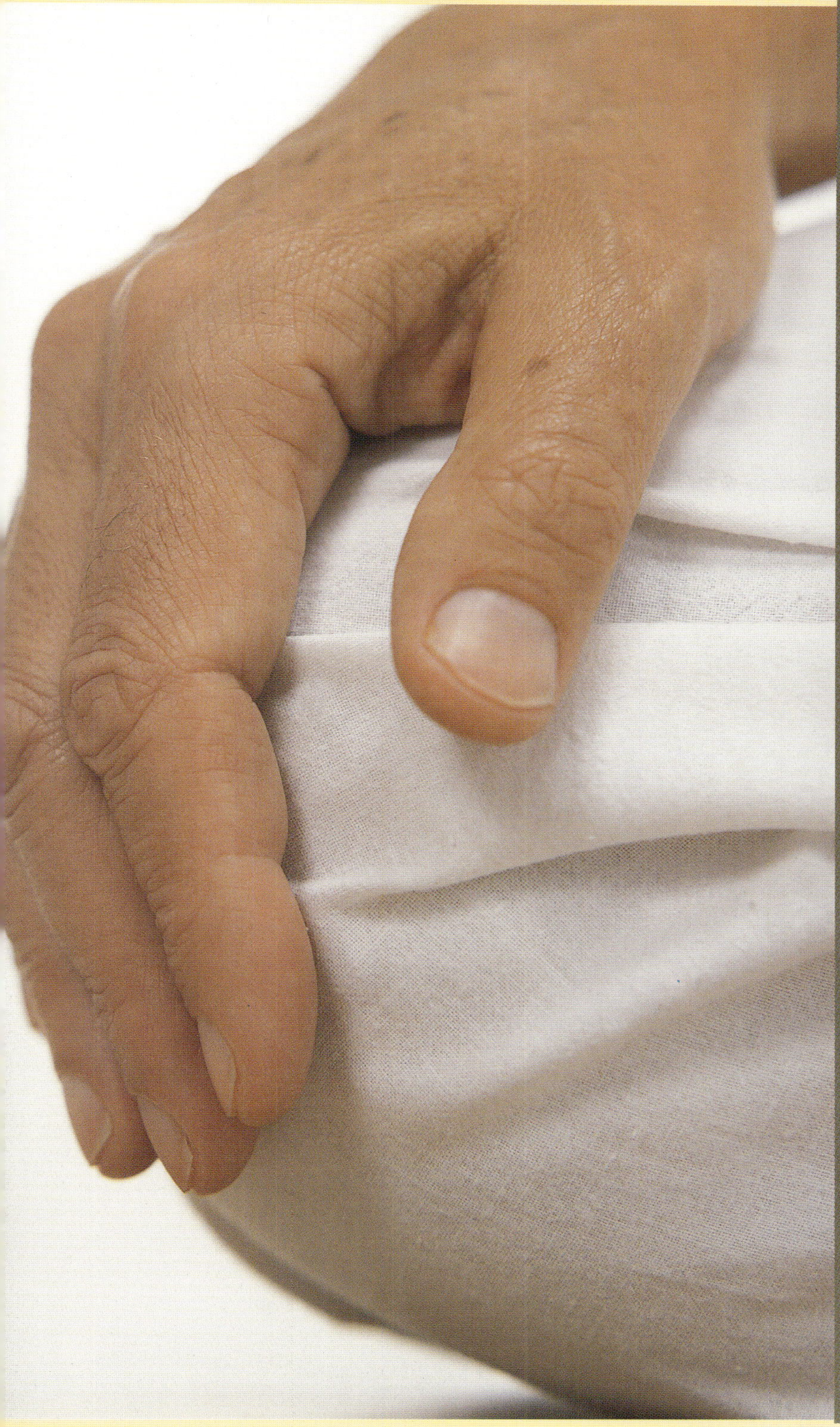

Le Bhûmisparsha-Mudrâ (prise de la terre à témoin) consiste à s'asseoir en tailleur et à poser la main sur un genou. Cette position nous rappelle que la terre est témoin de notre cheminement vers la sagesse.

La plupart des initiés se souviennent de leurs premières séances de méditation. Ils ont parfois commencé par l'intermédiaire d'un guide, comme celui que vous avez en main, dans un cours spécialisé, à l'occasion d'une retraite ou dans un monastère. Mes premières réactions à la méditation furent assez variées, comme vous pouvez le constater ci-dessous.

MON PREMIER MAÎTRE DE MÉDITATION, un Thaïlandais nommé Ajahn Dhammadaro, commença par m'apprendre l'exercice suivant en me demandant de le répéter le plus souvent possible dans la journée. Assis en tailleur, dos droit, je devais soulever ma main de temps en temps, puis la rabaisser quand mon avant-bras avait atteint l'horizontale. Ensuite, je pliais mon avant-bras vers le haut, centimètre par centimètre, jusqu'à ce que mes doigts soient à la hauteur de mon épaule. Puis j'abaissais la main de façon à la ramener sur les muscles de ma jambe. Mon maître me demanda de prendre conscience de la chaleur mais aussi des picotements qui parcouraient mes doigts, la paume de ma main et mon bras pendant que j'effectuais ces mouvements. Il m'était extrêmement difficile de me livrer à cet exercice pendant une heure. Ce n'était pas ce que j'avais attendu de la méditation et je n'en voyais pas le but. Le doute envahit mon esprit et mon corps se mit à rechigner. Mais après un certain nombre de jours, une pensée me frappa : je réalisai enfin à quel point ma main droite était importante. Je commençai ainsi à comprendre que la méditation m'aidait à prendre conscience de mon corps. Soudain, ma pratique cessait de constituer seulement une activité mécanique et répétitive et je découvrais la relation entre mon corps et mon esprit. Ma main était devenue le symbole de ma vie intérieure.

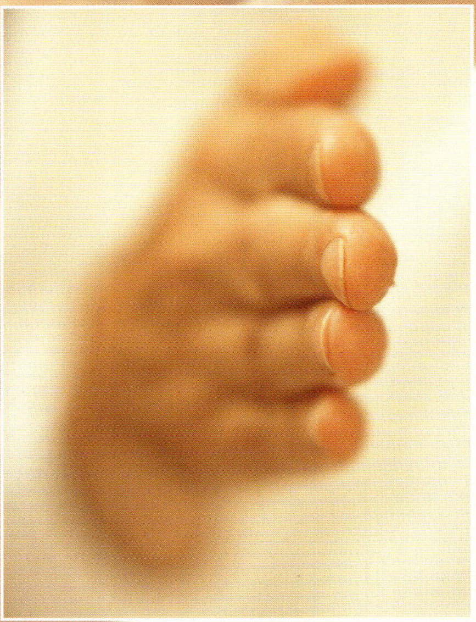

Donner de l'importance à chaque instant
Les lents mouvements de la main permettent d'entraîner l'esprit à se concentrer sur l'instant.

La respiration contrôlée

Cette technique est vraiment la base de cet ouvrage ; elle contribue de manière significative à clarifier et à apaiser l'esprit. Elle est utile dans de nombreuses situations, notamment quand il est nécessaire de rester calme et concentré. La respiration contrôlée est précieuse dans des disciplines sportives comme le tennis, le golf et la natation car elle permet de se concentrer sur chaque instant. Elle nous aide à prendre conscience de la profondeur des choses et à ne pas céder aux réactions négatives comme la peur, la colère et la confusion.

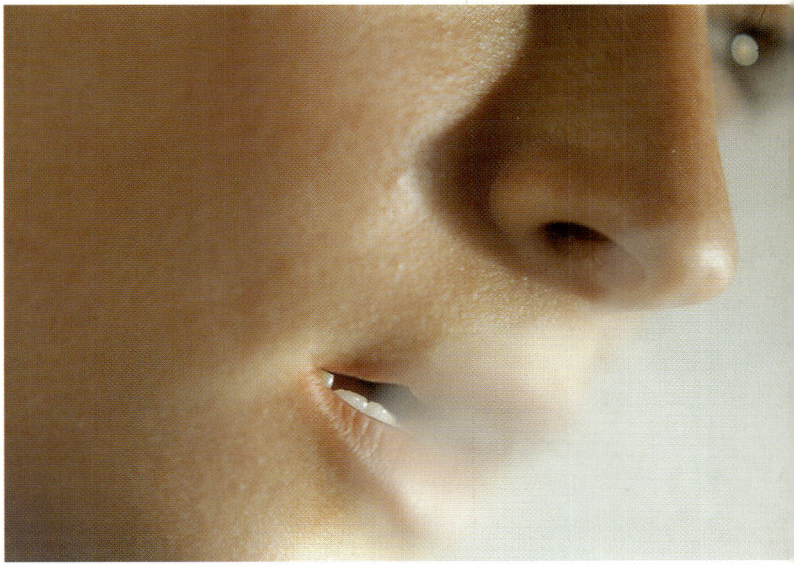

Respirer profondément
Prenez conscience de vos sensations physiques lorsque vous inspirez et expirez.

En pratique

1. *En position assise, respirez profondément en ayant conscience de votre souffle.*
2. *Sentez votre corps se dilater à l'inspiration et se contracter à l'expiration.*
3. *Concentrez-vous sur le passage de l'air dans vos narines à l'inspiration et à l'expiration.*
4. *Suivez le trajet de l'air dans votre nez, puis dans votre gorge et dans vos poumons. Notez la dilatation de ces derniers lorsque vous inspirez et leur affaissement lorsque vous expirez.*
5. *Soyez conscient des moments de pause entre deux respirations.*
6. *Entraînez-vous à rester attentif aux différentes phases de votre respiration.*

La détente en expirant

Lorsque nous sommes agités, nous respirons profondément en expirant longuement. Nous avons tendance à prendre de longues goulées d'air que nous exhalons plus lentement qu'à l'accoutumée. Nous nous sentons parfois un peu étourdis après ce type d'exercice, mais nous revenons vite à un état normal. De même, respirer trop profondément en méditant peut provoquer des maux de tête. Apprenez à contrôler votre souffle en douceur.

Vous deviendrez progressivement conscient du flux et du reflux de votre respiration. Tous les événements, les expériences et les états d'esprit que nous connaissons sont rythmés par la même alternance. Si vous ressentez une quelconque douleur en position assise, expirez doucement pour vous libérer de celle-ci.

Petit à petit, vous serez plus attentif aux sensations générées par le simple fait de respirer : chaleur, vibrations, pulsations, fourmillements, tensions, qui peuvent être agréables ou bien inconfortables.

Écoutez ce que vous ressentez, à la fois au tout début de l'inspiration et à la fin de l'expiration.

Si la méditation en position assise provoque chez vous des signes de somnolence, préférez la méthode consistant à plier lentement le bras de haut en bas (coude contre la cage thoracique), en attribuant à chaque mouvement un début et une fin spécifiques. Vos yeux peuvent être ouverts ou fermés.

Le souffle, c'est la vie
La respiration fait le lien entre le corps et l'esprit.

Compter en respirant

L'élément gazeux symbolise notre interdépendance avec le monde qui nous entoure. La perception que nous en avons contribue à nous libérer d'une existence trop centrée sur nous-mêmes. Dans certains cas, il peut être utile de compter pendant les cinq premières minutes de la méditation. Avec cette méthode, chaque expiration doit durer au moins dix secondes et vous devez reprendre à 1 au moment de l'expiration suivante. Si vous avez tendance à perdre rapidement votre concentration, recommencez à compter depuis le début. Prenez garde, toutefois, de ne pas vous concentrer sur le comptage sans rester à l'écoute de votre respiration.

La respiration en pratique

Nous avons besoin d'une certaine pratique pour connaître la différence entre la détente que peut nous apporter la respiration profonde et celle que nous procure la respiration contrôlée. Cette pratique repose sur la maîtrise de la respiration, sans qu'il soit besoin d'avoir recours à l'emprise de la volonté. Au début, la respiration peut être assez irrégulière. Si vous êtes suffisamment patient, elle se régularisera d'elle-même, mais vous créerez une tension si vous essayez de la contrôler sciemment. Le simple fait d'être attentif à votre respiration vous permettra d'en réguler le rythme. Cette attention deviendra moins nécessaire à mesure que vous développerez l'harmonie entre votre corps et votre esprit.

Il est important de poursuivre vos exercices même si vos progrès vous semblent trop lents. Il n'est pas rare d'avoir ce genre de sentiment. C'est en persévérant dans votre pratique que vous commencerez à en retirer des bienfaits. Ne vous préoccupez pas de ceux qui considèrent la méditation avec dédain. Ils ne parlent pas en fonction de leur expérience personnelle, mais se contentent d'exprimer des opinions toutes faites. Tenez compte de votre propre vécu. Si la méditation vous procure bien-être et satisfaction, ignorez les opinions négatives d'autrui.

Apprendre à respirer : un bon entraînement
La respiration contrôlée trouve à s'appliquer dans la pratique d'un instrument à vent ou dans celle d'un sport.

Les positions

La position assise

Vous pouvez vous asseoir en tailleur, utiliser un banc de méditation ou encore vous installer sur une chaise, de préférence sans dossier. La position de vos jambes n'a pas d'importance : chassez de votre esprit les images de yogis en position du lotus. Aménagez un endroit tranquille, dans une pièce bien rangée, pour méditer chez vous. Il vous suffira d'un coussin, d'un tabouret ou d'une chaise. Vous regarderez selon votre choix vers le mur ou vers l'intérieur de la pièce.

En position assise :

- *Ayez conscience de votre corps de la tête aux orteils.*
- *Apportez toute votre attention aux détails de votre posture.*
- *Portez votre tête droite, sans raideur.*
- *Rentrez légèrement votre menton.*
- *Basculez votre bassin vers l'avant et étirez votre poitrine vers le haut.*
- *Concentrez-vous sur l'instant présent.*
- *Ne vous polarisez pas sur une pensée, un mot ou une idée.*
- *Soyez calme et totalement présent.*

Chaque moment où vous êtes conscient de l'instant présent est un moment de méditation. Ne cherchez pas à utiliser cette technique pour atteindre un quelconque état idéal. La profondeur viendra naturellement. Il vous suffit de vous asseoir le dos droit, yeux ouverts ou fermés, et d'être réceptif – s'il vous est plus facile de vous détendre avec les yeux ouverts, rien ne vous oblige à les fermer. Et restez conscient de votre respiration. ***Pratiquez cet exercice pendant 20 minutes.***

S'envelopper de chaleur
Si vous le souhaitez, couvrez-vous d'un châle ou d'une couverture pour avoir plus chaud.

Les accessoires utiles à la méditation

Les trois accessoires essentiels qui privilégient la méditation en position assise sont :

1 Le zafu. *Un zafu est un coussin rond rembourré de kapok (une substance semblable au coton qui entoure les graines de certains arbres), de 20 à 30 cm d'épaisseur pour 30 à 35 cm de largeur. Si vous avez des fourmis dans les jambes, essayez la position en tailleur ou utilisez un coussin supplémentaire. Posez une couverture pliée sur le sol pour supporter vos chevilles et vos jambes.*

2 Le banc de méditation. *Ce banc est souvent capitonné. Agenouillez-vous en glissant vos jambes sous l'assise inclinée ; vous garderez ainsi le dos droit sans pression sur vos membres inférieurs.*

3 La chaise. *Utilisez une chaise à dossier droit garnie d'un coussin ferme, et non un fauteuil. Ne vous appuyez au dossier que si vous avez des problèmes de dos.*

La marche

Toutes les postures conviennent à la méditation. À condition d'être pratiquée lentement, la marche est une forme d'expression contemplative à laquelle vous pouvez vous livrer dans votre chambre en marchant de long en large. Tenez-vous bien droit, posez une main sur votre ventre et recouvrez-la de l'autre main. Soyez attentif à l'énergie qui vous anime, puis soulevez lentement un pied pour amener le talon juste devant les orteils de l'autre pied. Gardez la tête et le buste bien droits. Vos yeux doivent être fixés sur le sol à environ deux mètres devant vous. Vous n'avez pas besoin d'un grand espace pour pratiquer cet exercice. Notez les subtiles modifications de l'énergie lorsque chacun de vos pieds touche le sol. L'action de marcher importe plus que le fait de savoir d'où vous venez et où vous allez. Avec la méditation, le présent est plus important que ce qui a été ou que ce qui pourrait être.
Pratiquez cet exercice pendant 20 minutes.

La position debout

Nombreuses sont les occasions de méditer debout. Il nous arrive ainsi d'attendre quelqu'un sur le lieu d'un rendez-vous. Si nous perdons contact avec le présent, il est alors facile de développer des sentiments négatifs comme l'ennui, l'impatience, ainsi que le ressentiment ou le doute. Pour méditer en position debout, contrôlez votre posture de la tête aux pieds, en joignant ces derniers et en vous tenant parfaitement droit, sans toutefois vous mettre au garde-à-vous. Cette pratique a pour but de détendre la totalité du corps, notamment grâce au contact des pieds avec le sol.

Cette forme particulière de méditation peut aussi avoir pour effet de transformer votre relation à l'environnement. Recherchez dans votre corps les éventuelles zones de tension dans les muscles des épaules, du bas du dos, des mollets... Dirigez votre attention sur ces zones pour les détendre. Au début, la méditation debout ne durera que quelques minutes sans inconfort. Il vous sera alors possible de marcher un peu avant de revenir à la posture.

En Orient, il n'est pas rare de voir les gens pratiquer le tai-chi sur les places publiques avant d'aller travailler. J'espère qu'un jour viendra où partout dans le monde l'on pratiquera ainsi une forme ou une autre de méditation, en posture assise, debout ou allongée, en marchant ou en bougeant, sans complexe.

Pratiquez cet exercice pendant 20 minutes.

La position allongée
Dans cette posture, le corps est parfaitement détendu. Son contact avec le sol permet de prendre conscience de chacune de ses fibres.

La position allongée

Pour adopter cette posture, allongez-vous à plat sur le dos sur un tapis, un matelas ferme ou une pelouse (de préférence à l'ombre). Joignez les talons ou pliez les genoux pour amener les talons près de vos fesses. Posez votre tête sur un coussin ferme ou sur deux ou trois livres empilés. Vos bras doivent être étendus le long de votre corps, paumes vers le haut ou vers le bas. Vos yeux peuvent être ouverts ou fermés. Détendez totalement votre corps.

Cette posture est extrêmement relaxante et il n'est pas impossible que vous vous endormiez. Laissez-vous aller au sommeil. Au réveil, conservez la position pendant une minute ou deux avant de bouger. Si vous préférez rester éveillé, amenez une main près de votre tête, doigts pointés vers le haut, cela vous aidera à rester vigilant. Ce type de méditation peut être utile en cas de douleur si la posture assise est pénible, mais il vous faudra faire des efforts pour éviter de vous endormir. ***Pratiquez cet exercice pendant 20 minutes.***

Méditation et alimentation

Il est parfaitement possible de méditer en mangeant, à condition de bien choisir ses aliments et de savoir se concentrer.

1 Les aliments

Le choix des produits que vous consommez est primordial. Préférez des aliments sains et faciles à digérer, comme les fruits, les légumes, les céréales et les sources de protéines végétales. La quantité d'aliments dont vous avez besoin dépend de votre métabolisme, de votre âge et de votre activité physique. L'insécurité, l'anxiété et les mauvaises habitudes peuvent vous amener à trop manger. La méditation vous aidera à contrôler au mieux votre appétit et à respecter un régime parfaitement équilibré.

Respecter son alimentation
Trois facteurs principaux sont à considérer pour manger sainement : la qualité des aliments, leur quantité et la vitesse à laquelle nous les absorbons.

2 La concentration

Concentrez-vous lorsque vous portez les aliments à votre bouche, lorsque vous les mâchez et les avalez. Soyez attentif au goût des différents aliments et boissons. Mastiquez longuement ; chaque bouchée doit être presque liquide au moment où vous l'avalez. Mangez lentement et dans une ambiance calme pour favoriser une bonne digestion et assurer la paix de votre esprit. Vous pouvez également méditer en dehors des repas, en mangeant un léger en-cas (quelques groseilles, un morceau de banane), et en prenant conscience de la manière dont vos dents broient les aliments. Apprenez à manger sans lire, sans regarder la télévision et sans écouter la radio. Tout comme vous appréciez les contacts avec les autres, essayez de vous apprécier vous-même. À la fin d'un repas pris en méditant, ayez quelques pensées pour ceux qui l'ont préparé et amené sur votre table. Ces pensées peuvent prendre les formes suivantes :

Opter pour le bon régime
Un régime alimentaire équilibré garantit une vie longue et sans maladies.

- *Puissent les fermiers et leurs familles qui ont produit cette nourriture vivre dans la paix et l'harmonie. Puissent leurs récoltes et leurs troupeaux être prospères.*
- *Puissent-ils ne pas être frappés par les inondations, la sécheresse et la pauvreté.*
- *Puissent leurs terres les nourrir et les faire vivre.*
- *Puissent les hommes qui acheminent les aliments arriver à bon port.*
- *Puissent-ils vivre heureux eux aussi.*
- *Puissent tous les employés des marchés et des supermarchés vivre dans la joie.*
- *Puissent leurs jours s'écouler sans conflits.*
- *Puissions-nous tous vivre en paix.*

Méditer en bougeant

Il est possible de méditer en pratiquant des disciplines comme le cyclisme, la danse, le jogging, le yoga ou les arts martiaux. Que vous vous y livriez seul ou en groupe, elles sont source d'énergie et de créativité. Ce type de méditation nous permet de prendre conscience de chaque partie de notre corps. Les adeptes de la danse disposent de la musique classique, du rock ou des rythmes plus modernes pour s'accorder à toutes leurs humeurs.
La méditation par le mouvement peut réduire les tensions accumulées pendant la journée ou servir de préparation pour une séance de méditation en posture assise.
Le jogging est un moyen de garder le contact avec votre énergie physique, votre respiration et la nature.
J'ai découvert l'importance de l'esprit lors d'un exercice « longue distance ». Quand je cours un marathon, mon esprit vagabonde du fait de ma fatigue physique, ce qui a pour résultat de me faire ralentir. L'esprit influence le corps et réciproquement. La course et la marche rapide peuvent transformer les flux d'énergie. Lorsque nous dépensons notre énergie grâce à l'exercice physique, nous avons naturellement accès à des états particuliers de conscience, de vigilance, de rythme et d'harmonie. La sensation d'être en symbiose avec la vie et la terre est alors extraordinaire.
Vous pouvez développer votre endurance en explorant chaque type de méditation présenté dans ce chapitre.
Ces exercices feront facilement partie de votre quotidien, que vous choisissiez d'être assis, debout, allongé ou de marcher. ***Pratiquez ces exercices 20 minutes par jour.***

Ressentir chaque mouvement
Ne soyez pas trop pressé d'atteindre votre destination et appréciez le rythme de vos mouvements.

À quelle heure méditer ?

La méditation nous encourage non seulement à vivre un jour à la fois, mais aussi à être conscient de chaque heure du jour. Lorsque nous sommes capables d'apporter toute notre attention à la plénitude de l'instant, nous avons une profonde conscience de notre vie et de ce qui nous entoure.

Repenser la routine
Nos heures de lever et de coucher ainsi que celles de nos diverses activités peuvent affecter notre vie intérieure.

Le matin

Des efforts et une certaine discipline sont nécessaires pour méditer le matin. Peut-être aurez-vous besoin d'asperger votre visage d'eau froide et de vous étirer pendant quelques minutes avant de commencer. Cela entraînera sans doute certains changements dans vos habitudes. Il vous faudra essayer d'oublier votre train-train quotidien, éliminer le plus tôt possible toute agitation autour de vous, dans votre maison et en vous-même. Vous devez commencer la journée avec concentration, sans précipitation. Chacune de vos actions doit être significative. Pour cela, prenez le temps de vous asseoir et de méditer. Si vous avez beaucoup à faire le matin, levez-vous plus tôt pour être à même de vous concentrer. Certains adeptes de la méditation règlent ainsi leur réveille-matin sur l'heure du lever du jour.

Peut-être aimerez-vous faire une promenade à l'aube ou vous asseoir devant la fenêtre pour regarder le soleil apparaître à l'horizon. S'il vous reste un certain temps entre l'aurore et le moment où vous devez vous préparer pour partir travailler, rien ne vous empêche de vous recoucher. Le corps s'adapte très bien à un sommeil séquencé et vous pouvez prolonger votre séance par une méditation en position allongée, au cours de laquelle vous vous concentrerez sur votre respiration. Le matin, certaines personnes sont tout simplement épuisées, notamment en posture assise. Si cela est votre cas, gardez vos yeux ouverts en évitant de les cligner et concentrez-vous sur un objet placé en face de vous, comme une bougie, un symbole religieux ou même une tache de couleur sur le tapis.

Opter pour un réveil tonique
De bon matin, les aspersions d'eau froide sur le visage stimulent vos cellules, raffermissent votre peau et vous aident à vous sentir frais et alerte.

LE SOIR

C'est vraiment la meilleure période pour méditer. Après le travail, le repas et la vaisselle, nous n'avons souvent qu'une seule envie : celle de nous écrouler dans un fauteuil. Si vous envisagez de méditer, essayez de laisser la vaisselle pour le lendemain ou de préparer le dîner un peu plus tard. Le temps nécessaire à la méditation est le même que pour le matin, à savoir environ 20 minutes.

Certains adeptes pratiquent la méditation plus d'une heure, deux fois par jour, mais la qualité prime sur la quantité. (Dans le chapitre 5 « Vingt formes de méditation », j'indique comment adapter votre pratique à la vie de tous les jours une fois que vous aurez maîtrisé la respiration contrôlée.)

Choisir ses priorités
Quelle tâche est la plus importante : faire la vaisselle ou méditer pour éclairer son esprit ? La réponse s'impose d'elle-même : mieux vaut méditer.

L'heure du coucher

Certaines personnes ont du mal à trouver le sommeil. Il semble que le passage de l'état de veille à l'endormissement soit chez elles parasité par des sensations diverses, la perception de sons ou des pensées confuses. De manière générale, il est préférable d'aller se coucher quand la digestion est achevée. Les véritables insomniaques ont toutefois intérêt à boire un verre de lait chaud ou à manger une banane avant de se mettre au lit. La pensée « Je n'arrive pas à dormir » peut stimuler notre esprit ; il s'agit alors de détendre notre corps entier comme s'il s'enfonçait dans le matelas. Nous devons rester parfaitement tranquilles pour faciliter le passage vers le sommeil. La pratique de la méditation y contribue.

Méditer la nuit
La méditation nocturne apporte une profonde paix intérieure.

Méditation nocturne

Vous vous réveillez la nuit dans un silence profond. Vous savez que dans votre hémisphère des millions de personnes sont endormies. Au lieu de retourner vous coucher, essayez d'apprécier le silence ; vous serez ainsi à même d'aller au plus profond des choses. Vous pouvez alors vous livrer à la méditation en posture assise ou couchée. Asseyez-vous en tailleur sur votre lit, le dos bien droit, avec une couverture sur les épaules pour vous tenir chaud. Vous pouvez également vous installer à l'endroit où vous méditez habituellement. Si vous vous sentez fatigué le lendemain, essayez de rattraper le sommeil perdu. Une simple petite sieste sur une chaise peut se révéler très reposante.

Résoudre ses problèmes, connaître la joie

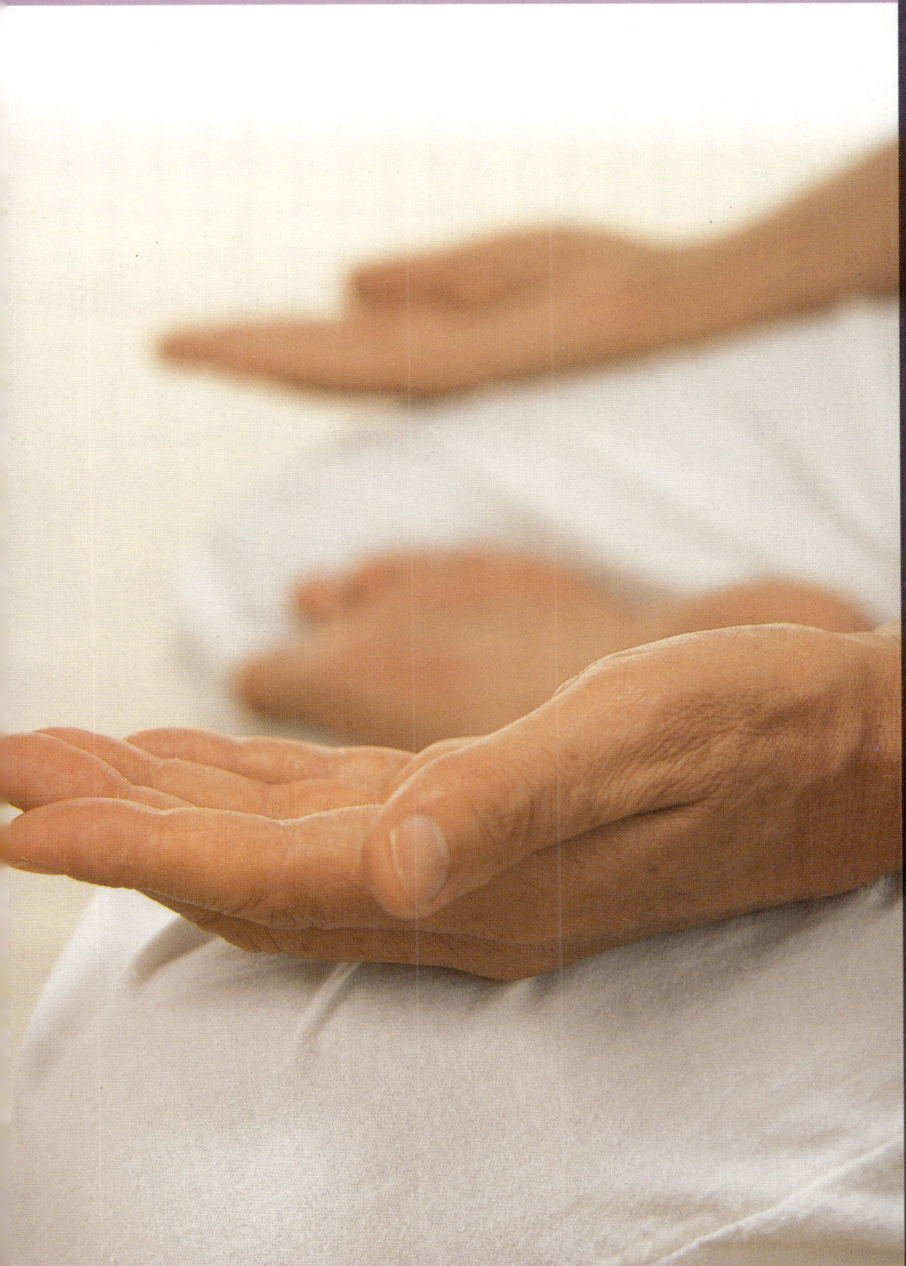

Le mudrâ de
la réceptivité
consiste
à s'asseoir
en tailleur sur
le sol ou sur
une chaise,
paumes
tournées
vers le haut.
Il symbolise
notre
ouverture
à tout
ce qui arrive.

Bien se connaître permet de vivre en paix avec soi-même. Dans le cas contraire, notre esprit réagit de manière mal appropriée aux circonstances. Et certaines réactions négatives se mettent alors en place.

HEUREUSEMENT ces schémas ne sont pas figés ; on peut agir sur eux et leur ôter tout pouvoir, à condition de les identifier. La joie et la clairvoyance entrent dans notre existence et nous permettent d'accéder à des expériences spirituelles impossibles à celui qui serait sous l'emprise de schémas négatifs. De nombreux écueils peuvent toutefois survenir au cours de la méditation, comme dans la vie courante. Le fait de maîtriser les douze sources de problèmes suivantes apporte la paix intérieure.

- *Le stress.*
- *Les pensées compulsives.*
- *L'inquiétude et la peur.*
- *La colère.*
- *Le fait de remettre ses tâches à plus tard.*
- *Les frustrations.*
- *La force des habitudes.*
- *L'ennui.*
- *L'agitation physique.*
- *L'impatience.*
- *Le doute.*
- *Le manque d'estime de soi.*

Ces sources de difficultés sont à la fois désagréables et inutiles. Responsables d'états d'esprits négatifs qui affectent notre qualité de vie et celle des autres, elles peuvent nous dominer totalement tant il est difficile de s'en débarrasser. En effet, on a parfois l'impression de les avoir surmontées alors qu'elles resurgissent plus tard, dans des circonstances identiques ou différentes.

Reconnaître les signes physiques
Notre vie intérieure transparaît sur notre visage. Nos yeux et notre bouche révèlent également si nous sommes heureux.

Le stress

LORSQUE LE STRESS et la frustration atteignent un certain niveau, nous avons l'impression que rien ne va plus dans notre vie. Nous commettons des erreurs, n'arrivons pas à nous concentrer, devenons intolérants et exigeons toujours davantage de nous-mêmes. Ne sous-estimez pas le pouvoir du stress : il affaiblit notre système immunitaire et la vie cellulaire, provoque des pensées négatives... Avec l'âge, la capacité du corps et de l'esprit à tolérer le stress diminue assez rapidement. Le stress naît du désir de faire les choses, associé à la peur de ne pas y parvenir. Pour le combattre, il vous faut apporter certains changements à votre vie. N'essayez-vous pas de faire trop de choses, trop vite, trop tôt et trop souvent ? Pensez-vous pouvoir continuer ainsi tout en réussissant à détendre votre corps et votre esprit ? Posez-vous les deux questions suivantes : « Est-ce que je veux changer ? », « Que suis-je réellement disposé à modifier dans ma vie ? ». Le fait d'y réfléchir vous aidera certainement à comprendre quelles sont les sources de votre stress et vous guidera quant aux moyens pratiques de le surmonter. Cela passe parfois par l'abandon de choses qui semblaient centrales dans votre vie. Peut-être aurez-vous besoin de passer un jour entier, seul et désœuvré, pour mettre vos problèmes de côté et réfléchir à la manière dont vous vivez. Vous aurez ainsi l'occasion de redéfinir vos priorités et de dresser une courte liste des changements que vous pouvez effectuer immédiatement. Puis vous établirez une seconde liste en vous concentrant sur les choses que vous négligez et à cause desquelles vous êtes débordé ou stressé. La pratique régulière de la méditation constitue également une bonne manière de gérer le stress.

Se débarrasser des pensées négatives
Le temps semble long lorsque nous attendons ; or, l'impatience est une grave source de stress et de pensées négatives.

Les pensées compulsives

Une pensée compulsive courante est de croire que nous avons tant à faire que nous n'y parviendrons jamais. Ce type de pensées peut nous persécuter. Même lorsque nous accomplissons notre tâche, nous nous disons que nous aurions pu mieux faire. Ces pensées tournent parfois en permanence dans notre tête. Il est indispensable de s'en défaire. La posture debout peut vous aider en donnant à votre esprit une bonne occasion de se détendre.

Une expérience vécue

Un jeune homme me racontait que lors de la première minute d'une séance de méditation, les mêmes vers d'une chanson revenaient encore et encore dans son esprit. Il me demandait comment s'en débarrasser. À la question de savoir s'il écoutait souvent de la musique, il répondit en riant qu'il était musicien. Je lui conseillai de se concentrer sur le silence et de n'écouter de la musique que lorsqu'il pouvait lui consacrer toute son attention. Je lui suggérai en outre d'écrire les vers incriminés. Les mots qui les composaient signifiaient-ils quelque chose pour lui ? Je lui expliquai que ces phrases pouvaient provoquer chagrin et pensées négatives. En méditant, il devait garder les yeux ouverts, se concentrer sur le silence et rester dans l'instant présent. Les pensées compulsives indiquent une personnalité réactive. Elles peuvent cacher un désir d'autosatisfaction, un esprit négatif, le doute ou la peur. Les coucher sur le papier peut être utile, ainsi que le fait de se poser les questions suivantes :

Apprécier la musique
Le fait d'apprécier le silence augmente le plaisir que nous prenons à écouter de la musique, et vice versa.

- *Quel est le principal message contenu dans ces pensées ?*
- *Puis-je me libérer de ces pensées en changeant l'objet de mon attention ?*
- *Existe-t-il une autre manière de considérer la situation ?*
- *Dois-je modifier certaines choses dans le déroulement de ma vie quotidienne ?*

Avancer pas à pas
Il est parfois nécessaire d'avancer pas à pas pour se libérer de ses peurs.

L'inquiétude et la peur

NOUS SOMMES SOUMIS à d'énormes pressions au cours de notre vie. La méditation sera plus efficace si nous avons conscience de ces dernières. L'inquiétude résulte souvent de fortes pressions. Elle naît de perceptions et de sensations confuses et peut devenir permanente. La respiration contrôlée nous aide à la dissoudre en chassant les pensées anxieuses. Elle permet également de considérer une situation sous un éclairage différent. La peur nous empêche souvent de faire ce qui serait approprié dans une circonstance donnée. Nous souhaitons apporter des changements dans notre vie, mais la peur ne nous permet pas d'accomplir les actes nécessaires. Des pensées et des sensations désagréables sont à l'origine de la peur. Or, la méditation nous donne la capacité d'enrayer ces pensées négatives quand elles commencent à se former. Nous aimerions parfois nous libérer rapidement de la peur, mais il nous faut être patients. Les changements durables doivent se réaliser graduellement.

UNE EXPÉRIENCE VÉCUE

Il y a quelques années, une femme passa une longue période en hôpital psychiatrique. Les patients du rez-de-chaussée étaient sur le point de quitter l'établissement, alors que ceux du cinquième étage en étaient loin. Cette femme était soignée au cinquième étage. Elle voulait quitter l'hôpital, mais elle avait peur du monde extérieur. Une infirmière eut l'idée de l'aider en lui demandant de faire un seul pas vers la porte du service. Elle marqua ensuite d'une ligne à la craie le point atteint. Le lendemain, la patiente fit un nouveau pas en partant du repère. L'infirmière traça une nouvelle ligne. Malgré sa peur, la patiente accomplit lentement, pas à pas, son chemin vers la liberté. Jour après jour, elle descendit les escaliers et des semaines plus tard elle était dehors. Nous devons réussir à apprivoiser certaines de nos frayeurs de la même manière. Vouloir éradiquer une peur trop rapidement aboutit souvent à la renforcer.

La colère

La colère est un problème important pour beaucoup d'individus, qu'elle s'exprime par une violence larvée, une explosion brutale ou des sentiments négatifs fréquents. C'est un des états d'esprit désagréables qui rendent la vie difficile pour tout le monde. Si nous l'admettons, nous ne pouvons qu'être déterminés à nous libérer de ce sentiment destructeur.

Éviter la colère
La colère peut faire des ravages sur notre vie émotionnelle.

Les trois facteurs sources de colère sont les suivants :

- *Nous ne pouvons obtenir ce que nous voulons.*
- *Nous nous sentons blessés. N'arrivant pas à surmonter ce sentiment, nous en rendons les autres responsables.*
- *Nous n'arrivons pas à contrôler les événements.*

D'un point de vue spirituel, il y a déjà suffisamment de colère, de ressentiment et de haine dans le monde ; il vaut mieux s'exprimer par l'action, l'amour ou la raison. Il est parfois nécessaire de renoncer à affirmer ses droits avant que la colère n'éclate. Exprimer clairement ses sentiments et ses pensées contribue également à surmonter sa colère.

Privilégier l'instant présent

Nous considérons souvent le futur comme un moyen de fuir en repoussant nos plans à plus tard. C'est une manière d'éviter de s'investir dans le présent. L'avenir devient un grand trou noir dans lequel nous mettons nos peurs, nos espoirs et nos rêves éveillés. La respiration contrôlée donne à l'esprit l'occasion de se calmer et de se concentrer sur le présent. Un jour, j'ai vu en Inde une pancarte dans la vitrine d'un magasin qui disait : « On paie comptant aujourd'hui, à crédit demain. » En focalisant notre attention sur le présent, nous perdons cette tendance à faire traîner les choses qui peut durer la vie entière et conduire à l'échec ou à la désillusion. Si nous portons tous nos espoirs sur demain, pourquoi ne les porterions-nous pas demain sur le jour suivant ? Nous devons comprendre que si nous faisons chaque jour deux pas en avant et un pas en arrière, nous n'arriverons jamais à rien.

- Quelles tâches spécifiques devez-vous mener à bien ?
- Devez-vous renoncer à d'autres projets pour accomplir une tâche ?
- Avoir une vie équilibrée induit la capacité de dire oui et non.
- Voici un exercice à pratiquer pour porter votre attention sur quelque chose :

1 *Choisissez une tâche que vous avez négligée aujourd'hui.*
2 *Obligez-vous à l'accomplir.*
3 *Terminez-la.*
4 *Appréciez le fait de l'avoir achevée.*

Se débarrasser de la pression
La pression de la vie quotidienne peut s'accumuler comme une pile de linge sale. Il est important de trouver le temps de faire les choses, mais aussi de se détendre.

Les frustrations

Nous avons parfois un désir obsessionnel de quelque chose. Cette obsession peut prendre une place prépondérante dans notre vie. Nous sommes persuadés de ne pouvoir connaître aucune paix avant que ce désir soit réalisé et cela peut nous conduire à l'insatisfaction chronique. Grâce à la réflexion et à la méditation, il est pourtant possible de définir ses réalités et de se fixer des buts réalistes.

Prendre le temps de jouer
Nous sommes souvent débordés et ne prenons plus le temps de jouer. Les jeux partagés avec des enfants contribuent pourtant au bonheur de vivre.

Une expérience vécue

Jean travaillait dans un dépôt de marchandises depuis des années. Les charges qu'il transportait lui occasionnèrent des douleurs dans les reins. Son médecin prescrivit du repos et des médicaments. Rien ne semblait pouvoir le soulager. Il avait de plus en plus de difficultés à supporter la douleur. Il devint irritable au point que ses enfants l'évitaient et que sa femme le trouvait très difficile à vivre.

Jean décida de prendre le taureau par les cornes. Il consulta un ostéopathe et fit appel à la méditation pour explorer, à l'aide d'un spécialiste, la zone douloureuse de son dos. En quelques semaines, la douleur qui le perturbait depuis plus de deux ans disparut, et son sentiment de frustration avec elle. Sa femme et ses enfants n'en revinrent pas de constater la différence.

La pratique régulière de la méditation nous donne le pouvoir d'accepter ce qui doit l'être ainsi que l'énergie de changer ce qui peut, en fin de compte, être facilement modifié.

Posez-vous les questions suivantes :

- *Que veux-je vraiment ?*
- *En quoi la paix de mon esprit dépend-elle de la réalisation de ce désir ?*
- *Quelle serait l'attitude rationnelle face à ce désir ?*

La force des habitudes

Les habitudes néfastes pour la santé nous amènent à douter de notre liberté de choix. La première étape pour perdre ces habitudes consiste à prendre conscience de leurs dangers. Nous devons être honnêtes avec nous-mêmes pour évaluer ces comportements. Le tabagisme en est un bon exemple. Il est directement responsable de graves problèmes médicaux et affecte la vie émotionnelle. Nous nous sentons inquiets ou agités lorsque nous n'avons pas de paquet de cigarettes, et seul le fait d'inhaler la fumée peut réduire notre sentiment d'inconfort. Nous savons pourtant qu'à la longue, le tabagisme a tendance à réduire l'acuité de nos sens et à mettre en péril la vie de nos cellules.

Une expérience vécue

Marie fumait deux paquets de cigarettes par jour. Après plus de trente ans de tabagisme, sa voix était devenue très rauque. Elle se détestait pour cette addiction, mais devenait nerveuse et irritable lorsqu'elle ne pouvait mettre la main sur une cigarette. Elle reconnaissait les symptômes du manque dans son corps, dans ses sensations, dans ses pensées, et n'avait de cesse que de trouver son paquet. Ces symptômes ne s'estompaient pas même lorsqu'elle portait une cigarette à sa bouche et allumait son briquet. Ce n'est qu'à la première bouffée que sa sensation d'inconfort disparaissait. Elle réalisa un jour que les cigarettes ne lui apportaient pas la paix de l'esprit mais ne faisaient que soulager temporairement sa sensation de manque.

Je lui conseillai de pratiquer la respiration contrôlée aussi longtemps qu'elle le pouvait chaque jour. Je lui suggérai en outre de ne pas fumer pendant une heure après chaque séance de méditation, et lui proposai de boire un grand verre d'eau fraîche à chaque fois qu'elle avait envie d'une cigarette. Elle était réellement très motivée et elle m'écrivit quelques semaines plus tard qu'elle avait renoncé à fumer.

Posez- vous les questions suivantes :

- *Qu'est-ce qui renforce ma résolution d'abandonner une mauvaise habitude ?*
- *Qu'est-ce qui l'affaiblit ?*
- *Que puis-je faire aujourd'hui qui prouve que je souhaite arrêter ?*

Perdre ses habitudes
Aucune mauvaise habitude n'est facile à abandonner. Il faut se remotiver chaque jour pour y parvenir.

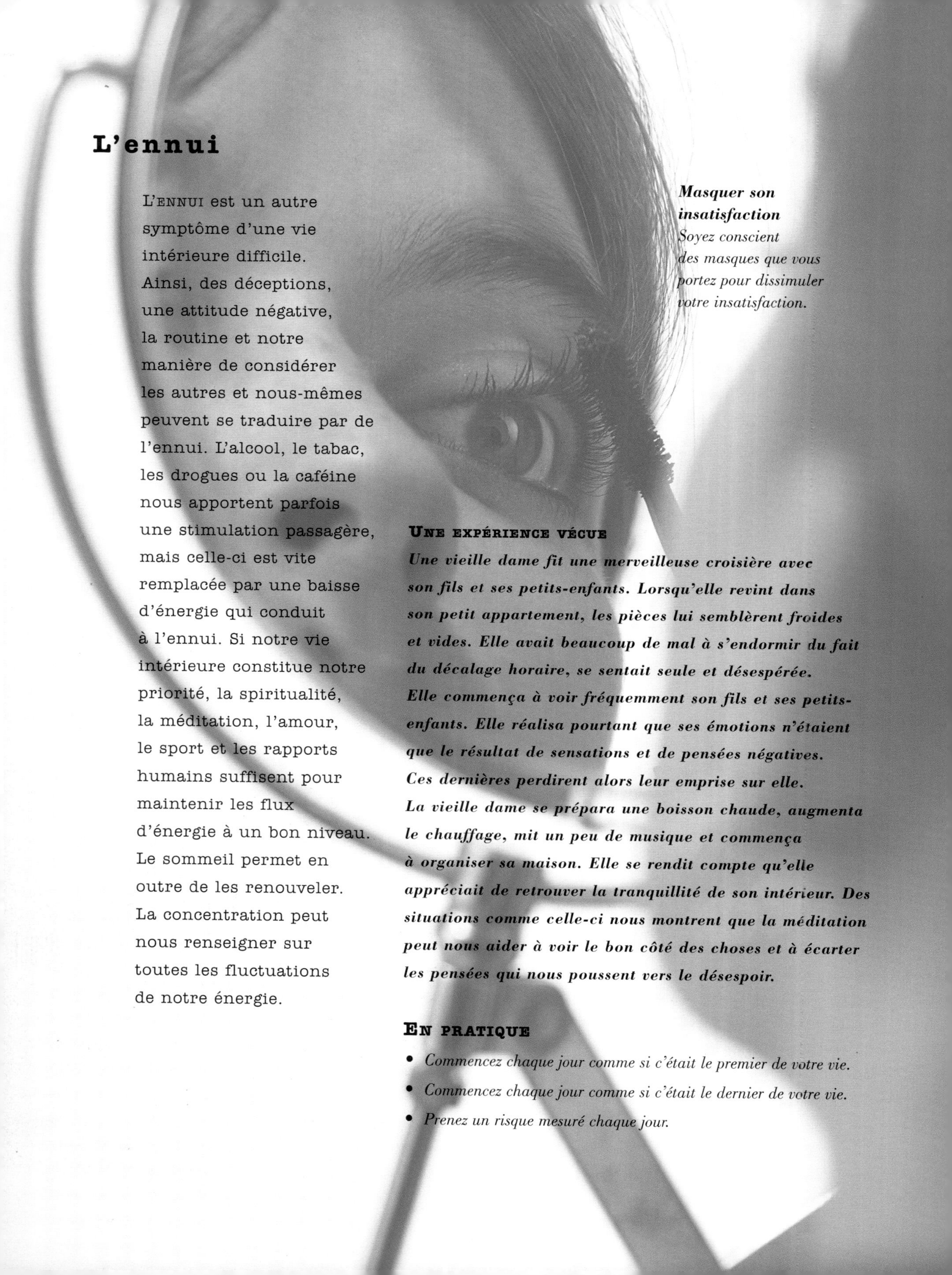

L'ennui

L'ENNUI est un autre symptôme d'une vie intérieure difficile. Ainsi, des déceptions, une attitude négative, la routine et notre manière de considérer les autres et nous-mêmes peuvent se traduire par de l'ennui. L'alcool, le tabac, les drogues ou la caféine nous apportent parfois une stimulation passagère, mais celle-ci est vite remplacée par une baisse d'énergie qui conduit à l'ennui. Si notre vie intérieure constitue notre priorité, la spiritualité, la méditation, l'amour, le sport et les rapports humains suffisent pour maintenir les flux d'énergie à un bon niveau. Le sommeil permet en outre de les renouveler. La concentration peut nous renseigner sur toutes les fluctuations de notre énergie.

Masquer son insatisfaction
Soyez conscient des masques que vous portez pour dissimuler votre insatisfaction.

UNE EXPÉRIENCE VÉCUE

Une vieille dame fit une merveilleuse croisière avec son fils et ses petits-enfants. Lorsqu'elle revint dans son petit appartement, les pièces lui semblèrent froides et vides. Elle avait beaucoup de mal à s'endormir du fait du décalage horaire, se sentait seule et désespérée. Elle commença à voir fréquemment son fils et ses petits-enfants. Elle réalisa pourtant que ses émotions n'étaient que le résultat de sensations et de pensées négatives. Ces dernières perdirent alors leur emprise sur elle. La vieille dame se prépara une boisson chaude, augmenta le chauffage, mit un peu de musique et commença à organiser sa maison. Elle se rendit compte qu'elle appréciait de retrouver la tranquillité de son intérieur. Des situations comme celle-ci nous montrent que la méditation peut nous aider à voir le bon côté des choses et à écarter les pensées qui nous poussent vers le désespoir.

EN PRATIQUE

- *Commencez chaque jour comme si c'était le premier de votre vie.*
- *Commencez chaque jour comme si c'était le dernier de votre vie.*
- *Prenez un risque mesuré chaque jour.*

L'agitation physique

L'IDÉE QUE NOUS NOUS FAISONS de notre valeur est liée à la perception que nous avons de notre corps. Il est important que nous acceptions le fait que nous vieillissons ; la méditation peut nous éviter de vivre dans le déni de cette réalité. Le corps est asservi au processus global de l'existence et n'obéit pas aux caprices de notre volonté. Une relation calme et confortable avec notre corps nous permet de prendre plaisir à vivre, quelle que soit l'étape du voyage où nous en sommes. La méditation sur les changements physiques dont nous faisons l'objet peut nous aider dans cette démarche. Comment considérons-nous la couleur de notre peau, notre sexe, notre taille et notre poids ? Nous pouvons avoir une perception erronée de nous-mêmes. Ne serait-il pas préférable de nous juger avec un peu plus d'indulgence ? S'il n'est pas facile de se regarder dans un miroir sans souhaiter donner la meilleure image possible de soi-même, essayer de paraître beau, jeune et plein d'énergie en toutes circonstances, peut déboucher sur le désespoir, car l'âge viendra inévitablement. La capacité de méditer sur notre corps relativise nombre de préjugés que nous pourrions avoir quant à l'apparence physique.

EN PRATIQUE

- *Considérez votre corps comme étant la partie organique de votre être.*
- *Reconnaissez l'interdépendance du corps et de l'esprit.*
- *Récitez le mantra suivant : « Naître, grandir, vieillir, évoluer et mourir. » Il vous mettra en parfaite harmonie avec le cycle de la vie.*

Communiquer avec la nature
Le corps est une expression de la vie organique.

L'impatience

LA FRUSTRATION ET L'IMPATIENCE peuvent rapidement se transformer en colère si nous ne sommes pas prudents. En nous concentrant sur les causes de ces émotions plutôt que sur leurs effets, nous pourrons développer la patience et la compréhension nécessaires pour mener une vie heureuse et positive.

UNE EXPÉRIENCE VÉCUE

Catherine était une mère célibataire avec deux petits garçons qui ne lui laissaient pas une minute de répit. Sa frustration se transforma en impatience, puis en colère. Elle se détestait elle-même pour sa sévérité envers ses enfants. Elle réalisa alors que d'autres facteurs influençaient son attitude, comme le manque de temps et d'argent, ainsi qu'une certaine maniaquerie de sa part. Elle comprit qu'elle devait mobiliser toute son énergie mentale à cultiver la patience. Elle commença à pratiquer la respiration profonde au lieu d'élever la voix, arrêta de menacer ses enfants et les complimenta plus souvent. Elle se sentit rapidement mieux dans sa peau et ses fils s'en rendirent assez vite compte.

Le doute

LE DOUTE peut être un état d'esprit très handicapant. Nous décidons de faire quelque chose, pensant avoir la capacité de réaliser ce projet. Puis notre esprit produit une vague de doute qui balaie toute notre belle résolution. Le doute est alors plus puissant que notre vision de départ. Nous avons besoin de développer assez de concentration pour revenir à notre idée d'origine et nous y tenir si nous pensons qu'elle est positive pour nous-mêmes et pour les autres. Le doute mérite pourtant d'être pris en considération quand il nous aide à discerner que nos actes peuvent provoquer souffrance, peur ou conflits.

Le manque d'estime de soi

Le manque d'estime de soi est l'un des problèmes personnels les plus courants dans le monde d'aujourd'hui ; il touche des personnes de tous les âges et de toutes les catégories sociales. Ce sentiment peut devenir une véritable obsession. Quoi que nous fassions, nous ne nous sentons jamais à la hauteur. Nous nous comparons aux autres, et toujours en notre défaveur. Nous croyons alors pouvoir restaurer notre propre estime en augmentant notre charge de travail ou encore en gagnant l'approbation des personnes qui nous entourent. L'estime de soi repose sur l'appréciation et la reconnaissance que nous avons de notre personne, et non de ce que pensent les autres. Nous pouvons juger de notre propre valeur en nous connaissant nous-mêmes, en étant créatifs et impliqués dans la vie quotidienne. Nous apprenons à ne plus écouter les voix intérieures qui nous jugent, sapent notre confiance et nous déprécient. Ces voix qui s'élèvent sous la pression des circonstances font écho à d'anciennes émotions. Nous devons apprendre à les ignorer, à nous tourner vers l'action et aller vers les autres.

Être patient
C'est un fait, les enfants sont turbulents. Lorsque nous oublions cette vérité première, nous nous laissons rapidement envahir par le découragement.

L'influence de nos pensées

Nous avons probablement tous eu des pensées que nous jugions très bonnes, mais qui ne nous ont pas vraiment aidés à améliorer notre qualité de vie. L'une des fonctions de la méditation est de combler ce vide. Certaines pensées peuvent prendre les formes suivantes : « Je dois commencer » ; « Je dois arrêter » ; « Je dois changer ». Ces bonnes résolutions naissent de la prise de conscience de situations insatisfaisantes. Malheureusement, aussi bien intentionnées soient-elles, ces pensées n'ont pas le pouvoir de changer la réalité. Pourtant, notre esprit possède la capacité d'apporter de réels changements à notre vie. C'est là qu'intervient la méditation. Elle peut aisément nous aider, parfois très rapidement, à nous transformer intérieurement. La méditation renforce les pensées positives et nous donne la capacité de laisser de côté les ambitions futiles. Elle aide à remplacer les vagues intentions et les pensées stériles par une véritable concentration. Le fait de passer en revue le passé, le présent et le futur peut nous empêcher d'entreprendre quoi que ce soit. Les peurs et les fantasmes dominent alors nos pensées et nous interdisent de vivre pleinement notre vie.

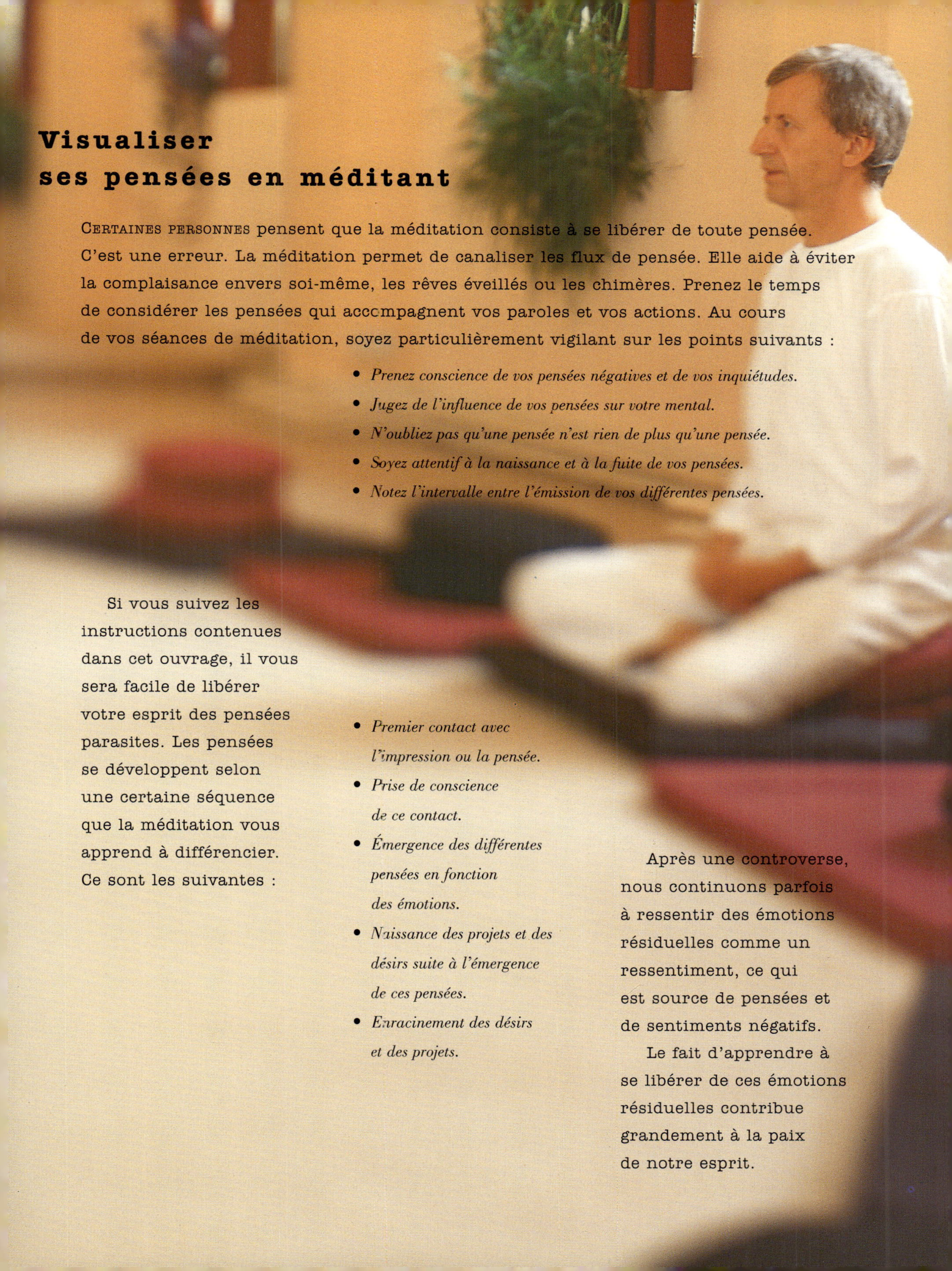

Visualiser ses pensées en méditant

Certaines personnes pensent que la méditation consiste à se libérer de toute pensée. C'est une erreur. La méditation permet de canaliser les flux de pensée. Elle aide à éviter la complaisance envers soi-même, les rêves éveillés ou les chimères. Prenez le temps de considérer les pensées qui accompagnent vos paroles et vos actions. Au cours de vos séances de méditation, soyez particulièrement vigilant sur les points suivants :

- *Prenez conscience de vos pensées négatives et de vos inquiétudes.*
- *Jugez de l'influence de vos pensées sur votre mental.*
- *N'oubliez pas qu'une pensée n'est rien de plus qu'une pensée.*
- *Soyez attentif à la naissance et à la fuite de vos pensées.*
- *Notez l'intervalle entre l'émission de vos différentes pensées.*

Si vous suivez les instructions contenues dans cet ouvrage, il vous sera facile de libérer votre esprit des pensées parasites. Les pensées se développent selon une certaine séquence que la méditation vous apprend à différencier. Ce sont les suivantes :

- *Premier contact avec l'impression ou la pensée.*
- *Prise de conscience de ce contact.*
- *Émergence des différentes pensées en fonction des émotions.*
- *Naissance des projets et des désirs suite à l'émergence de ces pensées.*
- *Enracinement des désirs et des projets.*

Après une controverse, nous continuons parfois à ressentir des émotions résiduelles comme un ressentiment, ce qui est source de pensées et de sentiments négatifs.

Le fait d'apprendre à se libérer de ces émotions résiduelles contribue grandement à la paix de notre esprit.

Méditer sur ses émotions

Il existe deux principaux types de personnes :

- *Celles qui sont dominées par leurs sentiments et leurs émotions. Elles s'enflamment facilement, rendant la vie difficile pour elles-mêmes et leurs proches.*
- *Les personnes qui maîtrisent leurs sentiments et leurs émotions. Elles peuvent sembler froides, distantes et paraissent parfois dominées par leur intellect.*

La forme de méditation suivante convient à ces deux types de personnes. Elle permet de rester en contact avec nos sensations, sans pour autant nous laisser dominer par celles-ci.

- *Quel sentiment éprouvez-vous ici et maintenant ? Est-il agréable, désagréable ou bien neutre ?*
- *Vous semble-t-il d'une bonne intensité ou souhaiteriez-vous qu'il soit plus fort ?*
- *Éprouvez-vous l'envie de prolonger cette sensation, de l'intensifier ou, au contraire, de vous en libérer ?*
- *Identifiez les émotions liées à la joie, au bonheur et à l'amitié. Appréciez la qualité de ces expériences.*
- *Méfiez-vous des vues et des opinions tranchées qui naissent des émotions fortes.*
- *Soyez conscient que certains sentiments sont superficiels et d'autres, plus profonds.*

Savoir se méfier des tempéraments explosifs
L'agressivité est fréquente chez les personnes qui ne contrôlent pas leurs émotions.

Cultiver les émotions agréables conduit à un plaisir égoïste. Privilégier les émotions désagréables mène au repli sur soi, à l'agressivité ou à d'autres réactions négatives. Pourtant, rester neutre en toutes circonstances conduit à l'ignorance et à l'indifférence. Une approche mesurée des émotions saura nous protéger de ces dangers.

Méditer sur des états d'esprit

Il est important que nous considérions les états d'esprit passagers pour ce qu'ils sont, à savoir fugaces. Dans le cas contraire, c'est un peu comme si nous regardions le monde à travers des verres teintés et que nous imaginions que tout est sombre. Nous avons également tendance à développer notre ego lorsque nous associons des mots comme « je » et « moi » à nos états d'esprit. Or, le fait de considérer sans passion un état d'esprit semble créer un espace autour de lui ; il aura alors moins de pouvoir sur nous et nous pourrons le regarder se développer, puis disparaître. Certains états d'esprit douloureux ou obsessionnels peuvent nécessiter le support d'un tiers qui, lui, saura les voir pour ce qu'ils sont. Il existe aussi des états d'esprit nés de la méditation profonde qui confinent à l'extase et nous emplissent d'une fabuleuse énergie. De telles expériences doivent être pleinement appréciées mais, de même que les états d'esprit douloureux, elles doivent être dépassées. Le fait de vouloir les répéter trop souvent conduirait tôt ou tard, à la déception et à la frustration.

En pratique

- *Souvenez-vous qu'un état d'esprit ne concerne que le présent et ne cherchez pas à le cultiver ou à le repousser.*
- *Lorsque vous méditez, soyez attentif à vos états d'esprit. Ils peuvent être précis ou vagues, calmes ou tourmentés, clairs ou encore nébuleux.*
- *Appréciez la sensation d'un esprit clair.*
- *Considérez votre esprit comme un lieu d'épanouissement et non comme la source de nombreux problèmes.*
- *Appréciez la créativité et la liberté de votre esprit.*

Atteindre un certain état d'esprit
Certains états d'esprit ne peuvent être atteints que par le biais de la méditation.

Énergie

et

guérison par la

méditation

Le Dhyâni-Mudrâ (mudrâ de la méditation) consiste à poser une main sur l'autre, paumes vers le haut, dans une posture de sérénité qui favorise la paix de l'esprit.

Les relations entre le corps et l'esprit

Les scientifiques et les psychologues ont démontré les liens entre le cerveau, le corps et le système immunitaire. Des messages circulent en permanence entre le corps et le cerveau, affectant la santé et le bien-être de l'un comme de l'autre. La méditation permet d'explorer au mieux les relations de nos perceptions, de nos pensées et de nos états d'esprit avec notre corps, et vice versa.

Le corps et l'esprit s'influencent l'un l'autre de bien des manières. Les études ont prouvé que les voies de communication entre le corps et l'esprit étaient affectées par la consommation d'alcool, de tabac, de drogues et autres substances nocives. Les états d'esprit négatifs comme la colère, la peur ou le repli sur soi ont un impact sur nos organes et les cellules de notre organisme. Cet impact affecte notre sommeil, notre appétit et, encore plus généralement, le rapport que nous entretenons avec notre corps.
La méditation sur le corps et l'esprit comprend l'observation de l'influence mutuelle exercée par ces derniers, ainsi que l'impact des émotions. Celles-ci surviennent comme des vagues et peuvent être agréables ou douloureuses. Ainsi, lorsque quelqu'un nous dit une chose embarrassante, nous rougissons. Lorsque nous rions, une vague de chaleur parcourt notre corps. La recherche laisse entrevoir que nous saurons bientôt déceler les prédispositions génétiques à certaines maladies. Lorsque ce jour viendra, il est possible que notre inquiétude face au futur s'en trouve augmentée, au détriment de notre clairvoyance et de notre sagesse. La méditation nous aide à nous connaître nous-mêmes et à maîtriser nos peurs.

Marier le corps et l'esprit
Le bien-être du corps et celui de l'esprit sont liés. La pratique régulière de la méditation permet d'équilibrer leurs influences réciproques.

Les relations intimes

La routine peut avoir, à la longue, une influence destructrice sur une relation. Nous oublions souvent que la qualité des instants partagés est plus importante que la quantité de temps passé ensemble. Deux personnes peuvent très bien vivre sous le même toit sans jamais pour autant se rencontrer réellement. Un couple doit partager de l'amour et communiquer, non seulement cohabiter. Parfois, des paroles blessantes sont échangées et peuvent rester dans les mémoires.

Si quelqu'un fait ou dit quelque chose que nous avons du mal à accepter, nous pouvons cesser de lui faire confiance. Dans ces circonstances, il vaut mieux méditer en se concentrant sur le présent plutôt que de ressasser les événements passés et perdre ainsi tout espoir de renouveau.

Cela s'applique aux relations entre parents et enfants, entre membres de la même famille et à beaucoup d'autres rapports humains. Nous devons apprendre à nous concentrer sur ce qui se passe ici et maintenant. Si nous pouvons tirer des enseignements du passé et réfléchir à ce qu'il nous a appris, il ne doit pas constituer une arme contre les autres ou contre nous-mêmes.

Il arrive que nous soyons incapables de gérer nos problèmes intimes. Notre esprit devient si agité que nous ne parvenons pas à méditer durant cette période. Il est alors important de revenir à une pratique régulière de la méditation. Le passé, proche ou lointain, peut exercer une pression énorme sur nous. Il faut dans ce cas faire appel à un conseiller, un thérapeute ou à un ami fidèle. Se libérer du passé demande de l'honnêteté. Par exemple, si une relation nous a laissé une sensation à la fois de perte et de déception, il faut en parler, puis recommencer à méditer pour rester en contact avec la réalité de la vie.

La pratique de la méditation, la sérénité et l'acceptation permettent de réduire le temps qui doit s'écouler entre le moment d'une désillusion et celui où nous décidons de nous tourner vers les nouveaux défis de l'existence.

Méditer sur son corps

Lorsque vous maîtrisez bien la concentration et la respiration contrôlée, il est temps d'aborder la méditation sur le corps. Vous pouvez la pratiquer assis, debout, couché ou en marchant (voir chapitre 2). Vous devez être intensément conscient de la présence de votre corps, sans penser à ce dernier ni analyser vos sensations.

En pratique

1 Portez votre attention sur le sommet de votre tête, puis descendez lentement le long de tout votre corps jusqu'à vos pieds. Remontez de la même manière jusqu'à votre tête.

2 Portez votre attention sur le sommet de votre tête. Observez les sensations que vous éprouvez dans cette dernière et sur le visage, puis dans le cou et la gorge. Déplacez ensuite successivement votre attention du sommet de votre poitrine à l'aine, du haut de votre dos à vos fesses, de vos épaules au bout de vos doigts et de vos cuisses à vos orteils.

3 Quand votre attention se déplace le long de votre corps, observez les sensations de chaleur, les vibrations et les tensions que vous éprouvez. Il est possible que vous ne ressentiez rien, mais continuez de faire aller votre attention d'un point de votre corps à l'autre. Cet exercice contribue à réduire les douleurs et les tensions, à calmer l'agitation physique et à chasser les pensées négatives de l'esprit.

4 La longueur de ces séances de méditation peut varier. Dix à vingt minutes peuvent suffire pour certaines personnes. Vous pouvez aussi procéder très lentement et prendre jusqu'à une demi-heure pour aller du sommet de votre tête jusqu'à vos pieds. En pratiquant régulièrement, vous repérerez les zones de votre corps sujettes aux tensions, aux pressions et aux douleurs.

Vous pourrez agir directement sur ces zones pour en modifier les vibrations et les sensations. Cette forme de méditation permet de mieux accepter son corps, les signes du vieillissement, la douleur et la maladie.

Surmonter la douleur

LES DOULEURS PHYSIQUES peuvent survenir soit à la suite de blessures anciennes ou récentes, soit de maladies dues à des facteurs héréditaires ou génétiques. La négligence peut aussi être source de douleur ; il s'agit de dommages que nous pouvons causer à notre propre santé, par exemple en demandant trop à notre organisme. Pour soulager efficacement la douleur, la méditation doit s'opérer sur l'ensemble de la zone concernée et non uniquement sur son épicentre. Il nous faut observer la manière dont évoluent les sensations, dont elles surviennent et disparaissent. Tout l'éventail de nos réactions physiques est à prendre en considération. Il peut s'agir d'une autre partie de notre corps qui se contracte, par exemple. Cependant, l'esprit peut résister à la douleur ou tenter d'y échapper. Ne faites pas de cette pratique un test d'endurance. Si la douleur est trop forte, changez de posture pendant quelques minutes puis revenez éventuellement à la première.

Avec l'expérience, vous pourrez reculer le seuil de résistance à la douleur en sachant quand il est bon de bouger ou de conserver une posture. En cas de doute, restez tendre avec votre corps plutôt que de chercher à lui imposer votre volonté. Pour ma part, quand je vais chez le dentiste pour un plombage, par exemple, j'évite de recevoir une anesthésie (à moins, bien sûr, qu'il ne s'agisse de

Faire face à la douleur
Il n'est pas toujours facile de rester calme face à la douleur.

dévitaliser une dent !).
Je respire profondément par le nez en me détendant bien à l'expiration et en surveillant le reste de mon corps, notamment la région de l'estomac et du diaphragme.
Je suis très attentif aux contractions physiques dues à la douleur et je réussis ainsi à la surmonter sans problème.
Tout cela est un simple entraînement basé sur la connaissance de la vie organique. À mesure que notre méditation s'approfondit, nous devenons moins réactifs aux stimuli de notre corps, tout en continuant à respecter ce dernier, à tenir compte de ses forces et de ses limites. Nous prenons soin de lui jour après jour et en acceptons les changements aux différents stades de l'existence. La sagesse aide à accepter la vie physique et permet d'en supporter les aléas. Cette sagesse s'atteint grâce à une méditation régulière sur le corps.

En Orient, le corps est associé aux éléments : la terre, l'air, le feu et l'eau qui symbolisent respectivement la dureté, le mouvement, la température et la cohésion. Lorsque vous progresserez dans votre méditation sur le corps, portez votre attention sur ces éléments.

La terre
Elle est associée au squelette.

L'air
Il est associé à la respiration.

Le feu
Il est associé à la chaleur du corps.

L'eau
Elle est associée au sang, à la sueur, aux larmes et à la salive.

La visualisation

Cette forme de méditation fait appel à l'imagination. En l'occurence, vous devez être capable de créer dans votre esprit une image ou un symbole qui vous touche profondément et libère une énergie bénéfique. La visualisation donne accès à la vie spirituelle, à la joie, à la guérison du cœur, du corps et de l'esprit.

- Vous pouvez visualiser un symbole comme l'étoile de David, la croix des chrétiens, le symbole du yin et du yang de la tradition taoïste, ou la roue de Dharma du bouddhisme. Ces symboles, qui sont utilisés pour méditer depuis des siècles, nous rappellent l'importance des religions et de la spiritualité. Un moine bouddhiste méditait un jour sur la croix, symbole le plus connu du christianisme. Au cours de sa méditation, il réalisa que la croix pouvait aussi symboliser la réduction du « moi », l'abolition de l'ego. Il trouva ainsi une profondeur nouvelle dans le message d'amour et de libération que Jésus a laissé aux hommes.

- Vous pouvez également visualiser un élément de la nature. Commencez par vous concentrer sur une plante, un arbre, un lac ou un beau paysage. Fermez les yeux et projetez cette image sur votre écran mental. Certains peuvent faire usage de leur imagination pour créer des formes et des couleurs qui apportent un profond sentiment de bien-être. Les adorateurs de Gaia, la déesse de la Terre, pensent que cette dernière unit les hommes, les animaux et l'environnement dans un grand tout. Le fait de visualiser la Terre peut générer un profond sentiment de plénitude. Cela peut nous aider à mettre nos vies en perspective et à réduire les barrières entre les nations et les cultures.

Les mantras

Nous présentons ici deux types de mantras différents. Chacun d'entre eux peut vous apporter un profond sentiment de joie et de paix intérieure.

- Certains mantras comportent une connotation religieuse. Il peut s'agir du nom de l'Être suprême, par exemple. Le fait de répéter chaque jour des mots comme « Alléluia », « Gloire à Dieu », « Allah est grand », « Hare Krishna », « Bouddha » ou « Jésus est dans nos cœurs » nous permet de nous élever au-dessus de nos préoccupations quotidiennes.

D'autres mantras nous apportent le calme et la sérénité. Vous pouvez par exemple prononcer les mots : « ici et maintenant », « un pas à la fois », « amour », « concentre-toi », etc. Vous devez répéter ce mantra 108 fois à la suite (car le nombre 108 représente l'infini dans certaines traditions orientales).

Méditation et abus sexuels

Pour surmonter plus aisément les effets terriblement traumatisants d'un abus sexuel, il est particulièrement important de reconnaître la portée de la blessure causée par cet événement. La méditation peut grandement vous aider à progresser vers la guérison.

Une expérience vécue

Au cours d'une retraite consacrée à la méditation, une jeune femme d'une vingtaine d'années demanda à me parler. Elle pleura en me racontant que son oncle avait abusé d'elle lorsqu'elle était enfant. Elle était très en colère contre lui. Elle avait réalisé grâce à la méditation que cet événement avait affecté ses relations avec les hommes et qu'elle avait peur des expériences sexuelles.
Je lui indiquai les moyens de progresser vers la guérison. Elle devait continuer à communiquer ouvertement au sujet de son expérience et de la perception passée et actuelle qu'elle en avait, aussi longtemps que ce serait nécessaire. Il fallait qu'elle en parle à des personnes en qui elle avait confiance. Je lui conseillai de faire porter sa méditation sur son utérus et ses zones génitales en dirigeant chaleur, amour, énergie et acceptation vers ces dernières. Elle devait pour cela adopter une posture confortable et détendue.

En pratique

1 Ressentez la présence de votre corps entier, sans exercer de pression et sans chercher à le contraindre.

2 Dirigez votre attention sur la région de l'utérus.

3 Approchez l'endroit sensible en partant de l'extérieur.

4 De temps en temps, gardez votre attention sur la région sensible.

Prononcez ces paroles (ou des paroles ayant le même sens) :
Puisse cette zone guérir.
Puisse cette zone être libérée des effets du passé.
Puisse cette zone ressentir plaisir et bien-être.
Puissent toutes les souffrances associées à cette zone disparaître.
Puissent la paix et la satisfaction envahir cette région.
Puisse mon cœur s'ouvrir à la chaleur et à l'amour des autres.
Puisse mon esprit se libérer de ma colère contre celui qui a abusé de moi.
Puisse ce processus de guérison parvenir à son terme.

La jeune femme pratiqua cette méditation chaque jour. Au bout d'un certain temps, elle se sentit moins blessée, moins négative et moins effrayée. Elle devait cela à sa volonté de regarder en face une période très pénible de sa vie. Pourtant, il lui arrivait de pleurer ou de ressentir de la colère pendant qu'elle méditait. Elle arrêta de pratiquer pendant un temps, mais sans jamais abandonner complètement. Elle m'informa plus tard qu'elle avait trouvé la force nécessaire pour écrire à son oncle afin de lui dire combien elle avait souffert. Elle souhaitait le rencontrer pour essayer de comprendre pourquoi il avait agi ainsi, mais son oncle refusa. La jeune femme me confia alors qu'elle ne ressentait plus de colère contre lui. Elle avait compris que son oncle ne pouvait faire face à sa propre histoire. « Cette réponse de sa part, il me fallut l'accepter aussi », me dit-elle.

8 Portez votre attention sur le point précis de la douleur, de la blessure ou de l'inconfort. Dirigez encore et encore chaleur et lumière sur toute cette zone.

7 Considérez la manière dont le passé vous a empêché de vivre pleinement votre vie.

6 Considérez ses effets sur votre vie.

5 Reconnaissez la blessure dont cette région a fait l'objet. Concentrez-vous sur votre douleur.

Il peut arriver que nous soyons subitement confrontés à une situation qui met notre vie en jeu. L'adrénaline coule alors à flots. Nous savons que cette hormone, sécrétée par le cerveau en cas de danger, stimule non seulement le corps mais aussi l'esprit. Elle agit pour nous donner les ressources nécessaires afin de faire face à la situation.

Les maladies graves

UNE EXPÉRIENCE VÉCUE

Un jeune homme désespéré vint un jour à l'une de mes retraites. Son médecin venait de lui apprendre qu'il était séropositif. Sa vie bien ordonnée était plongée dans la confusion la plus totale. Il avait peur de penser à l'avenir. Il n'osait en parler à ses parents et à ses amis. Il appréhendait même de méditer tant il se sentait empli de doute. Lors d'un de nos entretiens, il me confia : « Je regrette de ne pas avoir de religion. Le fait de croire en Dieu me rendrait les choses plus faciles. »

Je lui répondis : « Pour vous, la respiration et Dieu ne font qu'un. Le contact avec votre respiration vous permet d'atteindre Dieu. C'est une des ressources dont vous disposez en ce moment pour retrouver votre équilibre et contrôler votre corps, ainsi que pour réussir à juguler les sentiments qui vous oppressent. » Je le dirigeai par la suite vers une forme de méditation spécifique. Il devait ainsi établir des canaux de communication avec son virus, car une relation conflictuelle vis-à-vis de sa maladie engendrerait peur et tension. Cela pouvait, en effet, affaiblir son système immunitaire.

Ce jeune homme et son virus devaient apprendre à coexister. Je lui conseillai d'apprivoiser son virus. S'il y parvenait, la maladie ne lui semblerait pas aussi menaçante. Il commença à pratiquer une forme de méditation tournée vers son virus. Au bout d'un certain temps, il m'avoua avoir donné un nom à ce dernier. Le fait de l'appeler par un autre nom que Sida le rendait moins menaçant. Ce jeune homme quitta le monastère plus serein, avec une meilleure confiance dans l'avenir.

Contrôler la peur
La méditation aide à contrôler la peur inhérente à l'apparition d'une grave maladie.

Vingt formes

de méditation

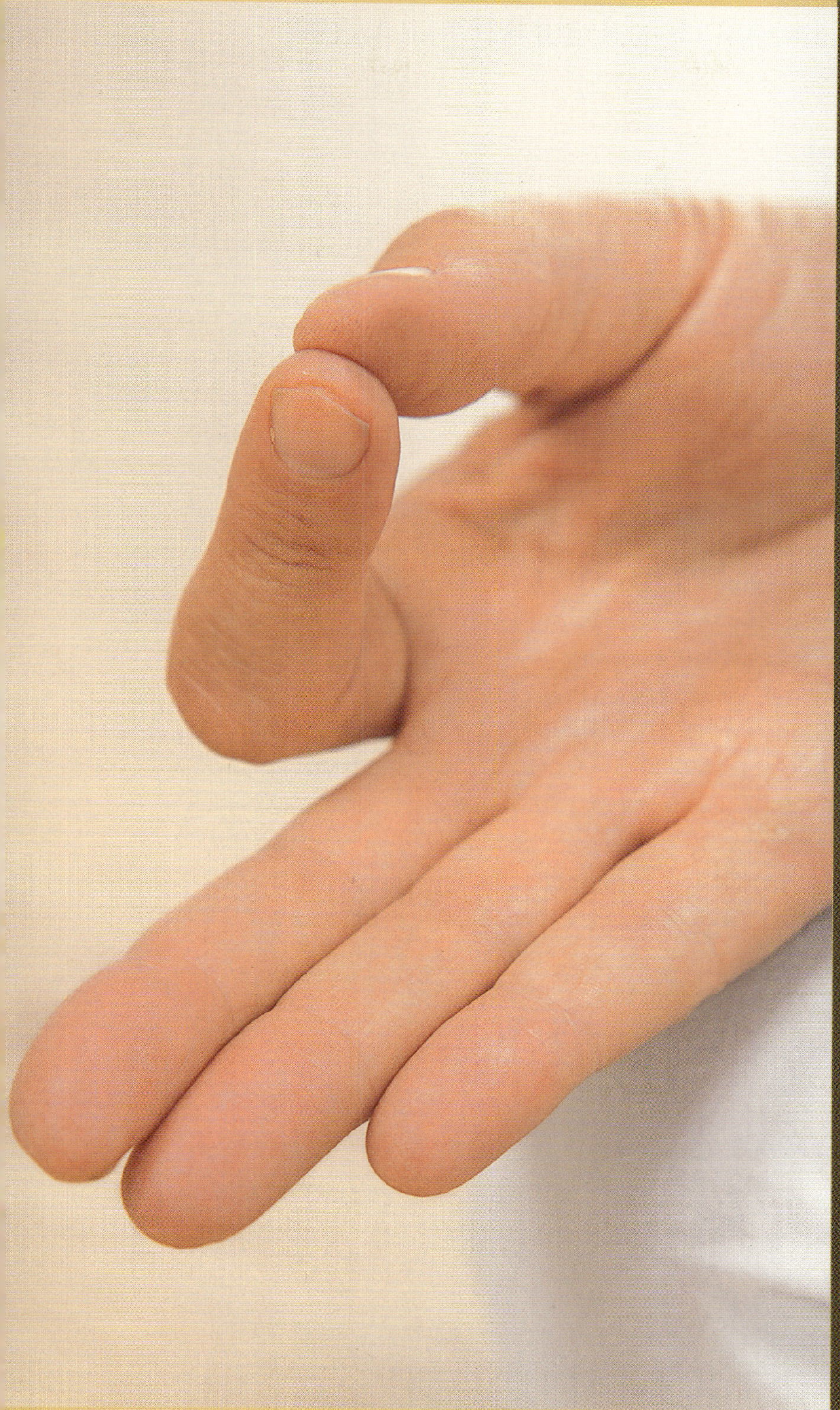

Le Vitarka-Mudrâ (mudrâ de l'enseignement) consiste à joindre le pouce et l'index ; il symbolise la relation entre toutes choses, l'union qui préside à tout.

Quatre périodes du jour pour méditer

CHACUN DES DIVERS MOMENTS de la journée a la même importance. Nous avons tendance à accorder à certaines heures plus de pouvoir qu'à d'autres. Nous disons : « Oh, je suis en pleine forme au lever du soleil », ou : « Je suis vidé de toute énergie à la fin de la journée. » Nous prenons l'habitude de nous définir selon ces critères plutôt que de prendre conscience de la manière dont nous vivons chacune des quatre périodes de la journée. Grâce à la méditation, il est assez facile de développer ou de préserver son énergie pour que chaque partie du jour se suffise à elle-même. Le fait de trouver cet équilibre permet de réduire l'écart entre les périodes de dynamisme et celles de moindre énergie. Prendre le petit déjeuner avec votre partenaire de vie avant de partir travailler demande la même qualité d'attention. Vos niveaux d'énergie ont une influence sur votre état d'esprit. Vous pouvez prendre des décisions stupides et lourdes de conséquences à un moment où vous débordez d'énergie. Si votre niveau d'énergie est faible, vous serez plus vulnérable que vous ne le croyez. Une simple parole un peu dure peut alors vous mettre sur la défensive. Au cours d'une période où votre niveau d'énergie est faible, vous perdez de votre concentration et agissez sans prudence. En apprenant à être en symbiose avec chacune des quatre périodes de la journée, vous saurez négocier tous les défis quotidiens. La vie vous semblera moins routinière.

1 *Du lever au petit déjeuner.*

2 *Du petit déjeuner à midi.*

3 *De midi au repas du soir.*

4 *Du repas du soir à l'heure du coucher.*

La cérémonie du thé

Il existe dans la tradition orientale une merveilleuse cérémonie du thé au cours de laquelle les gestes les plus anodins peuvent devenir extraordinaires grâce à l'attention apportée à chaque petit détail. Chacun de nos sens est stimulé tour à tour. Vous pouvez choisir de célébrer la cérémonie du thé seul ou bien en groupe… Chacun des instants qu'elle comporte est prétexte à méditer.

1 Versez suffisamment d'eau dans une bouilloire pour remplir une théière. Posez-la sur le feu et regardez-la chauffer. Asseyez-vous tranquillement et écoutez le bruit de l'eau qui frémit. Ébouillantez la théière avec un peu d'eau. Ajoutez quelques cuillerées de thé et de l'eau chaude, puis remuez. Laissez infuser pendant 3 ou 4 minutes à découvert, mettez alors le couvercle et versez soigneusement le thé dans la tasse. Enchantez-vous de son arôme.

2 Portez la tasse de thé à vos lèvres et prenez lentement une première gorgée. Le silence et la concentration font de ce rituel une méditation. Lorsque vous avez fini de boire, observez le silence jusqu'à ce que la théière soit lavée. Soyez parfaitement conscient du début, du déroulement et de la fin du processus. La cérémonie du thé contribue à vous apporter la lumière.

Méditer sur la lumière

Cette forme de méditation contribue à pouvoir dissiper la mauvaise humeur et les idées sombres. Elle vous permet également de vous ouvrir à la lumière.

- Adoptez une posture assise, dos parfaitement droit.
- Gardez les yeux ouverts et soyez réceptif à la lumière.
- Laissez la lumière envahir vos yeux et tout votre être.
- Conservez les yeux ouverts en ne clignant que lorsque c'est nécessaire et en gardant votre corps détendu.
- Fermez les paupières et visualisez la lumière qui est en vous.

Nulle part où aller

Il n'est pas rare que nous ayons à patienter pour prendre l'autobus, le train, l'avion, ou que nous soyons bloqués dans les embouteillages. Nous nous plaignons très souvent de la fatigue occasionnée par tous les trajets journaliers. Nous oublions que cette attitude négative mine notre énergie. Si nous ne nous polarisons pas sur le but à atteindre et considérons délibérément que nous n'allons nulle part... nous regarderons l'attente de manière totalement différente. Où que nous allions, nous sommes là, avec le ciel au-dessus de notre tête et le sol sous nos pieds. Cette forme de méditation nous rend extrêmement conscients de l'instant présent, de notre corps, de notre esprit et de tout ce qui nous entoure. Elle nous permet, en outre, de mieux nous concentrer sur notre vie et de libérer plus d'énergie. Ainsi, nous nous ressourçons au lieu d'être exténués.

Récitez intérieurement ces mots : « Je ne vais nulle part. Je suis ici. » Puis laissez-les imprégner votre esprit pour vous convaincre de leur vérité.

Méditer sur la nature

Le spectacle des jardins, des forêts, des prairies, des montagnes, des collines, de la mer ou encore du ciel nous permet de mieux nous relaxer. Il nourrit notre relation avec le grand tout qu'est l'univers. De fait, nous apprécions les couleurs, les sons, la température de l'air sans nous laisser distraire par nos pensées, et apportons une attention totale aux multiples expressions de la nature. C'est pour nous l'occasion de nous sentir en symbiose avec la vie. Nous appréhendons ainsi la signification de notre présence en ce monde.

Ici et maintenant

Le meilleur service que nous puissions nous rendre à nous-mêmes consiste à vivre dans l'instant présent. Il nous faut pour cela oublier impérativement le passé et le futur, afin de nous concentrer sur le moment actuel. Nous devons réussir à nous convaincre que chaque instant est nouveau et parfaitement digne d'intérêt. Oublions pendant un moment le temps qui passe, les jours et les échéances, pour revenir au présent. Cette forme très efficace de méditation nous permet d'entendre, de sentir, de goûter, de toucher et de voir très clairement nos états d'esprit et nos pensées, et cela dans toute leur authenticité.

Recentrer la méditation

Cette forme de méditation est plus spécialement conseillée aux personnes dont l'esprit a tendance à vagabonder lorsqu'elles méditent. Il est parfois très important de nommer un état d'esprit ou une pensée qui nous perturbe. Nous pouvons pour cela utiliser des concepts simples. Par exemple, si nous pensons beaucoup au passé, prononçons intérieurement les mots « mémoire, mémoire » ; si nous ne pouvons nous empêcher de faire des projets, utilisons les mots « futur, futur ».

Cette méthode nous permet de rester en contact avec le présent. Nous pouvons, en outre, revenir à l'instant présent en prononçant la phrase : « Sois ici et maintenant » ; elle nous aide à voir la réalité au lieu de laisser errer nos pensées. Il en est de même pour les états d'esprit. Essayons de nommer très clairement un état comme l'ennui ou l'agitation, puis revenons à l'objet originel de la méditation – la respiration ou le corps, par exemple. Nous resterons plus concentrés et plus attentifs dans notre exercice.

Accentuer la concentration

La capacité de se concentrer, même pendant des périodes courtes, augmente la puissance de l'esprit. Vous avez sans doute vu des athlètes sur la ligne de départ, le corps immobile avant que soit donné le coup d'envoi. Ils ferment parfois les yeux, gardant leur esprit totalement concentré sur le but à atteindre. Leur être tout entier est tendu vers l'objectif. Ils combinent ainsi l'énergie physique et celle de l'esprit vers un même but. Soyez pourtant conscient que vous ne devez pas vous surestimer. Une ambition excessive conduit à la frustration et à la colère. Les problèmes surviennent souvent lorsque nous sommes trop exigeants envers nous-mêmes, ou envers les autres. Il est nécessaire de bien se connaître pour savoir ce que l'on peut entreprendre sans courir à l'échec.

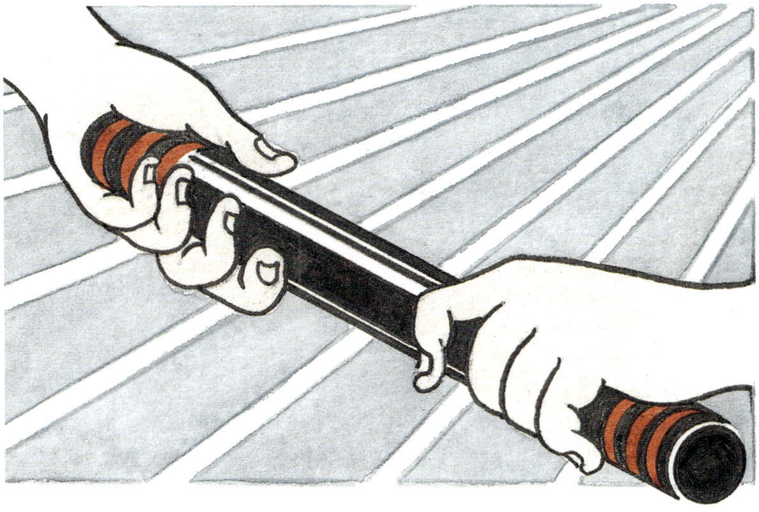

La danse

Nous devrions célébrer le fait même d'être en vie, bien que nous ne le fassions que rarement. La danse est une bonne manière de s'y employer. Elle permet d'exprimer la joie et le mystère de la vie. Nous oublions notre ego grâce aux mouvements fluides qu'elle implique. Nous ne comptons plus : seule importe la danse. L'ego se fond dans le rythme alors que celui-ci prend possession de nous. Nous dansons pour Dieu, pour la vie, et pour clamer notre appartenance au monde. Ce mode d'expression peut prendre n'importe quelle forme et se pratiquer dans n'importe quel lieu. Il ne s'agit pas de danser pour impressionner les autres. C'est un message de joie et d'amour, un témoignage d'harmonie avec toute chose. Une fois ces principes intégrés, dansez !

Atteindre l'humilié

Le fait de travailler à la fois sur les postures physiques et sur l'esprit mène à l'élargissement de la conscience, à la piété et à l'humilité. Asseyons-nous sur une chaise ou en tailleur avec une main sur chaque genou, paumes vers le haut. En fermant les yeux, amenons un sourire sur nos lèvres. Nous sentons alors les muscles de notre visage se détendre ; laissons cette sensation gagner progressivement notre corps.

Quand elle a envahi toutes nos cellules, faisons preuve d'un peu d'humilité en offrant notre existence à l'univers. Cela peut nous sembler au premier abord un exercice bien superficiel, mais il nous faut persévérer jusqu'à ce qu'il prenne tout son sens. Nous commençons alors à saisir une réalité : notre vie ne nous appartient pas, elle fait partie d'un grand tout. Lorsque nous méditons en marchant lentement, une main posée sur l'abdomen et l'autre couvrant la première, nous pratiquons l'humilité à chaque pas. Cette forme de méditation joue un rôle primordial dans l'éveil de notre conscience.

Le jeûne

Nous avons entendu parler de yogis ou de sages qui entament de longs jeûnes pour soutenir leur méditation... Il existe toutefois d'autres types de jeûnes moins dommageables pour notre santé. Nous pouvons jeûner une fois par jour en n'absorbant que de l'eau pendant 6 heures, voire 12 heures d'affilée. Nous pouvons également nous restreindre sur une semaine, en nous abstenant de consommer pâtisseries et chocolat.

De telles pratiques renforcent notre discipline intérieure ; elles sont bénéfiques pour le corps autant que pour l'esprit. Il est cependant dangereux d'observer un jeûne complet pendant plus de 48 heures sans contrôle médical. Certaines personnes croient que le jeûne prend toute son efficacité s'il dure plusieurs jours d'affilée. Mais il est fréquent qu'elles se « rattrapent » après coup par une consommation excessive d'aliments.

Il est préférable de rester modéré en toutes choses et de s'alimenter à la fois de manière simple et équilibrée, sans risque de carences.

Méditer sur les fleurs

Tout le monde s'accorde à dire que les fleurs sont l'un des plus beaux dons de la nature. Nous adorons les contempler au jardin, dans nos maisons ou à l'état sauvage. Certaines personnes ont un amour tout particulier pour les fleurs et connaissent très bien leurs divers noms et leurs caractéristiques. C'est pour toutes ces raisons que les fleurs peuvent devenir un objet de méditation. Il est en effet possible de s'asseoir tranquillement pour se mettre en profonde harmonie avec ces paisibles émanations de la nature. Pour méditer sur une fleur, laissez votre œil s'attarder sur chaque détail, chaque couleur de sa corolle et sur sa globalité. La plus simple des fleurs peut nous éblouir par sa stupéfiante beauté. En méditant régulièrement sur une fleur, nous nous mettons en harmonie avec les autres fleurs de la vie, du lever au coucher du soleil. Le parfum qu'elles exhalent nous permet de découvrir la fragrance mystique de l'existence.

Méditer dans la forêt

Lors de nos promenades en forêt, nous oublions souvent que nous nous comportons à l'inverse des arbres qui nous entourent. Ces derniers restent immobiles et leurs racines s'enfoncent très profondément dans le sol. Pour méditer dans la nature, il nous faut donc rester aussi immobiles que les arbres… L'une de mes amies tenta un jour l'expérience. Après quelques minutes, elle vit passer deux cerfs. Puis elle aperçut un renard, un écureuil et un blaireau. « J'ai vu plus de choses en restant immobile que je ne l'aurais fait en marchant », dit-elle après coup. L'expérience lui permit aussi de se sentir en étroite communion avec les arbres.

Méditer sur les couleurs

De nombreuses recherches ont permis de mettre en évidence que les couleurs ont une influence sur les êtres humains et reflètent leur état d'esprit à un moment donné… Le vert peut les mettre en harmonie avec la nature ; le bleu symbolise l'immensité du ciel et de la mer ; le rouge, la chaleur et l'éclat. Nous pouvons prendre le temps de considérer une couleur après l'autre pour améliorer la perception que nous en avons. Nous devons également être attentifs à la couleur de nos vêtements et nous demander par exemple s'il est bien avisé de porter du noir lorsque nous sommes d'humeur sombre. Il arrive aussi que nous nous limitions à certaines teintes. Or, si nous restreignons la palette des couleurs qui nous entourent, nos perceptions s'en trouvent amoindries. Le fait d'apprendre à apprécier toute la gamme des couleurs permet d'élargir efficacement notre esprit.

Méditer sur le bonheur

Cette forme de méditation se pratique en position debout. Nous devons tourner notre esprit vers un événement heureux de notre passé. Il peut s'agir d'un contact avec l'être aimé, le souvenir d'un endroit particulier, un élément de la nature ou une expérience spirituelle. Nous laissons le bonheur se répandre en nous et, petit à petit, envahir tout notre être, toutes nos cellules.

Le bonheur est en nous. Il n'existe pas de chemin pour le trouver, il est le chemin. À la fin de la méditation, nous prononçons les mots : « Que chacun connaisse le bonheur. »

Méditer sur la sérénité

La sérénité résulte, en fait, d'un état d'équilibre parfait entre deux forces puissantes de l'esprit. L'une d'entre elles est l'attraction, et l'autre est la répulsion.

Nous nous sentons attirés vers l'une ou l'autre de ces forces sans être capables de résister. La respiration contrôlée nous permet de nous libérer de ces forces. Lors de la méditation, nous nous servons du pouvoir de notre esprit pour dissiper la nervosité qui nous incite à bouger.

S'il nous vient alors l'impulsion d'interrompre notre méditation pour faire autre chose, nous laissons cette pensée se dissiper. C'est ainsi que nous trouvons un équilibre entre attraction et répulsion. Cette pratique contribue à préparer l'esprit à faire face aux coups durs de l'existence avec sérénité.

Méditer sur le caractère éphémère des choses

C'est l'une des formes de méditation réellement les plus importantes dans la tradition bouddhiste. Un sage bouddhiste a dit un jour : « Nous sommes tous frères et sœurs dans la naissance, la vieillesse, la douleur et enfin la mort. » Le fait de méditer sur le caractère éphémère des choses est une réflexion sur la fin – la fin de la respiration, la fin d'une pensée, la fin d'un travail. C'est une conviction profonde que toute chose est amenée à passer. Elle nous fait prendre conscience des choix limités dont nous pouvons disposer.

Cette prise de conscience nous permet d'accepter les changements, les aléas de la vie, l'ascension et la chute, la naissance et la mort. Elle nous délivre de la terreur de la perte et de la mort. Voici quelques-uns des bienfaits de cette forme de méditation :

- *Elle nous permet d'envisager avec sérénité la fin de notre vie.*
- *Elle nous permet de canaliser les désirs de l'esprit.*
- *Elle nous évite de considérer toute chose comme acquise.*
- *Elle peut nous aider à accepter le vieillissement et la mort.*

Ce type de méditation nous aide à accepter la naissance et la mort de toute chose. Nous ne considérons pas ce phénomène avec tristesse. Au contraire, nous voyons ce que le changement peut aussi avoir de positif. Il nous arrive toutefois de refuser la modification, et nous nous soumettons par là même à un autre type de contrainte. Le fait de rester en contact avec le moment présent, jour après jour, nous aide à garder l'esprit ouvert et réceptif.

MÉDITER SUR LA MORT

Nous sommes capables de considérer la vie des personnes défuntes de leur naissance à leur mort en recensant leurs joies et leurs chagrins. Nous devrions donc pouvoir dire : « Tout comme les autres ne font que passer dans ce monde, je le quitterai un jour. » Il ne s'agit pas là d'une forme de méditation basée sur le désespoir. C'est une méthode efficace pour prendre conscience de l'écoulement de la vie et non une négation de celle-ci. Cette méditation ne nous rend malheureux que lorsque nous sommes victimes d'états d'esprit négatifs.

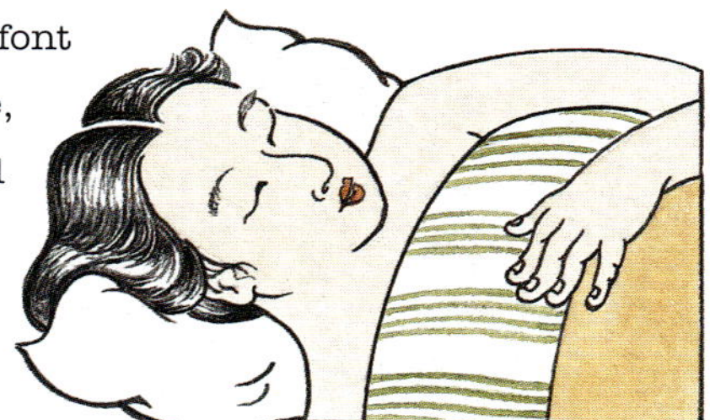

Comme la vie a une fin, ce type d'état d'esprit doit impérativement être surmonté.

Le meilleur moment pour méditer sur la mort est celui qui précède le sommeil. Lorsque nous dormons, toutes nos pensées présentes, passées, futures et tous les faits de notre vie se trouvent confondus. Si nous nous inquiétons au sujet de notre avenir et de la fin de notre existence, nous ne vivons pas réellement. Ceux qui vivent dans la crainte de la mort n'accomplissent pas vraiment leur existence. En effet, la mort succède à la vie comme la nuit succède au jour.

MÉDITER SUR L'INFINI

1 Asseyez-vous bien droit, à l'intérieur ou à l'extérieur.

2 Prenez conscience de l'espace entre les objets, entre vous-même et ce que vous voyez.

3 Soyez attentif aux sons qui vont et viennent. Prenez conscience de l'espace qui porte tous ces sons.

4 Soyez conscient de l'immensité et de la profondeur de l'espace, ainsi que de la manière dont il englobe toutes choses.

5 Prenez conscience de l'espace existant entre vos pensées.

6 Soyez conscient de l'espace dans votre corps et à l'intérieur de vos cellules.

7 Concentrez-vous pour embrasser votre espace intérieur et l'espace extérieur. Restez vigilant pour ne pas les confondre.

8 Poursuivez cette séance de méditation jusqu'à vous sentir équilibré et bien ancré dans la réalité.

Méditer sur l'absolu

Cette forme de méditation ne porte en aucun cas sur un objet particulier pas plus que sur la respiration.

Dans cette pratique, en effet, toutes les choses ont la même valeur dans la mesure où elles appartiennent au très vaste domaine de la vie. Ainsi, elles embrassent à la fois l'unicité et la diversité. La méditation permet d'oublier tout esprit de propriété ainsi que toute possessivité. Elle constitue une clef pour comprendre la nature des choses sans constructions intellectuelles, qu'elles soient philosophiques, scientifiques ou religieuses. Elle ne comporte ni valorisation ni dévaluation du moi, mais révèle le vaste champ du réel.

Méditer sur le cosmos

1 Par une nuit douce et agréable, recherchez un endroit calme et sec à l'extérieur où vous pourrez vous allonger (éventuellement sur une natte).

2 Joignez vos pieds et posez vos bras le long de votre corps, paumes vers le haut.

3 Restez quelques minutes à contempler le ciel. Prenez conscience de la profondeur et de l'immensité de l'univers.

4 Prenez conscience de la relation entre l'endroit où vous vous situez et les autres points de l'univers.

5 Comprenez de quelle manière les choses, voisines ou lointaines, sont en corrélation.

6 Ressentez le caractère très extraordinaire de tout cela.

7 Laissez-vous envahir par la gratitude devant ce mystère.

8 Si vous êtes effrayé (cela arrive parfois face au sentiment de vulnérabilité ou d'insignifiance qui vous étreint), pensez au nombre d'autres êtres humains qui connaissent la même expérience... Cette peur n'est qu'une confirmation de votre symbiose avec toute chose et tout être.

Savoir aller vers les autres

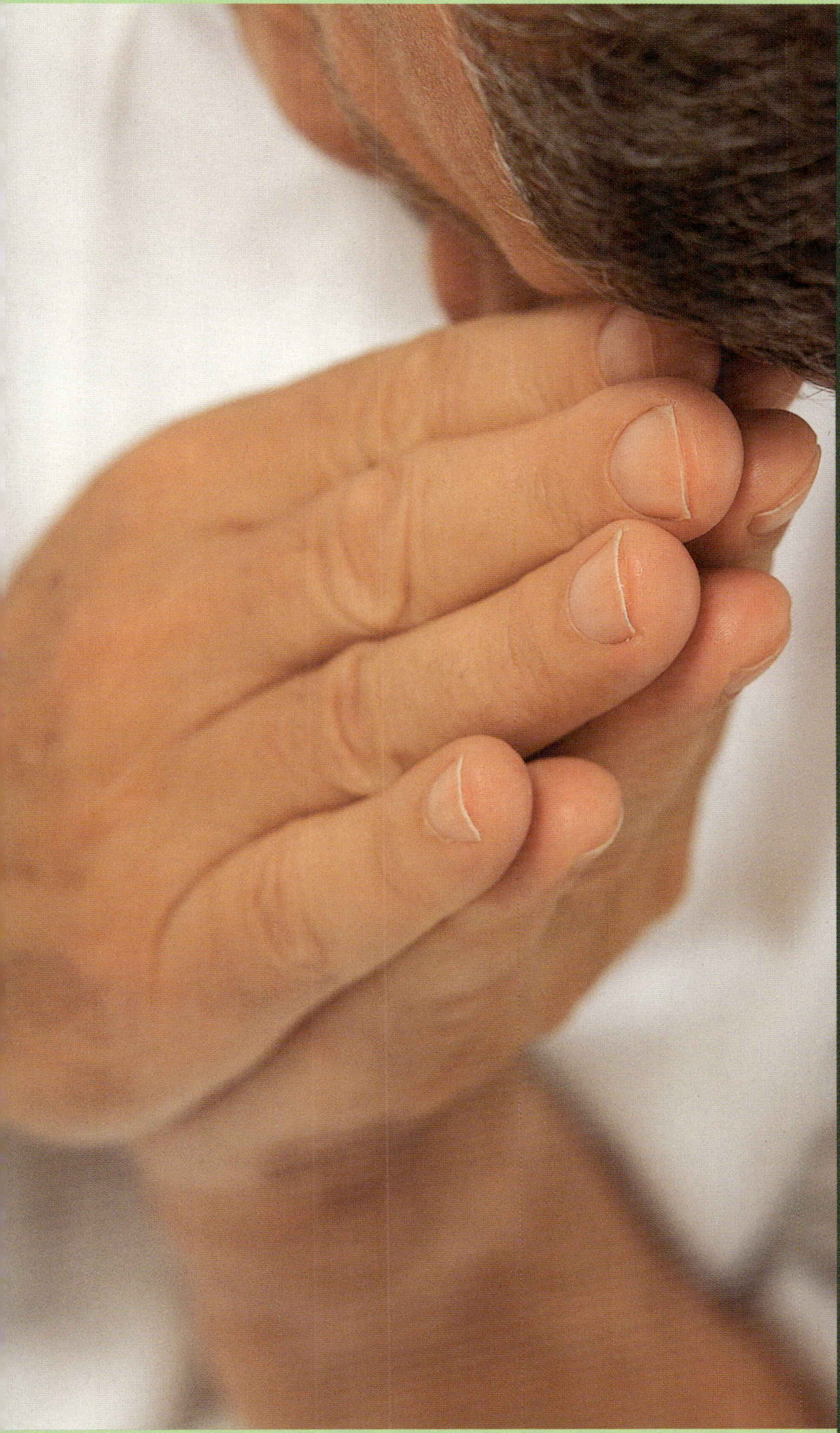

Le Añjali-Mudrâ (salut et vénération) rend hommage à l'immensité du monde vivant qui dépasse largement le champ de nos existences personnelles.

Ne pas être dépendant du téléphone portable
Certains moyens de communication sont très pratiques, mais pas forcément bénéfiques.

La communication

Pour être heureux, nous devons être attentifs à tous les aspects de notre vie quotidienne. Il nous faut apprendre à considérer chaque nouvelle journée avec clairvoyance. D'aucuns assurent que les moteurs de l'action sont les obligations, le stress et l'anxiété, faute de quoi nous remettrions tout au lendemain. C'est peut-être vrai pour certains, mais il semble bien triste de ne compter que sur le stress et l'anxiété pour se forcer à faire les choses. En revanche, nous pouvons améliorer notre vie en apportant de petits changements au quotidien. Notre attitude et la manière dont nous communiquons ont autant d'importance que les responsabilités que nous prenons.

Méditer sur le travail

Le mot « travail » déclenche parfois des réactions immédiates : « Oh, je ne m'en sortirai jamais » ; « Je déteste ce boulot » ; « Je passe ma vie à enchaîner un travail après l'autre ». Mais aussi : « Je n'ai pas d'emploi » ; « Je voudrais tant travailler » ; Je n'ai rien à faire de la journée ». De telles phrases cachent un problème avec le concept même de « travail ». Ce terme est souvent porteur d'une charge psychologique et émotionnelle. Nous pouvons alléger cette emprise en considérant chaque journée dans sa globalité.

En pratique

- *Commencez la journée par une séance de méditation.*
- *Abstenez-vous de penser aux tâches à venir.*
- *Laissez tomber le mot « travail » de vos conversations.*
- *Considérez vos journées comme une longue suite d'activités plutôt que comme une accumulation de tâches.*

Une telle pratique permet de nous libérer de l'omniprésence du mot « travail » dans notre esprit. Nous nous laissons facilement enfermer dans le cercle infernal créé par des expressions comme : « attaquer le travail », « finir le travail », « trouver du travail », « perdre son travail », « avoir trop de travail », « manquer de travail »... Nous fragmentons ainsi involontairement nos journées. Il est préférable de vivre celles-ci dans la continuité plutôt que d'en avoir une vision éclatée.

Ne pas négliger la communication
Une conversation agréable autour d'une tasse de café fait toute la différence dans une journée chargée.

Une communication efficace

La manière dont nous communiquons affecte notre vie et celle des autres. Nous pouvons tout aussi bien clarifier une situation par nos paroles que susciter confusion et ressentiment. Il nous arrive de penser que le fait de hurler après les autres les incitera à se réveiller. Mais cette tactique est rarement payante à long terme et se révélera de moins en moins efficace avec le temps. Les réactions à ce mode de communication peuvent être la soumission ou la rancune. Lorsque nous sommes décidés à imposer notre opinion à autrui, nous oublions souvent de nous poser les questions suivantes :

1 Est-ce la bonne personne ?

2 Est-ce le bon moment ?

3 Est-ce le bon endroit ?

4 Est-ce le bon sujet ?

Si nous ne tenons pas compte de ces facteurs, il peut être difficile de parvenir à une compréhension réciproque dans une conversation de quelque importance. Nous pouvons, par exemple, demander l'avis de quelqu'un qui n'a pas une vision claire de la situation au sujet de laquelle nous le consultons. Nous nous trompons donc de personne. Si nous avons des problèmes avec l'élu(e) de notre cœur, nous cherchons bien naturellement à les résoudre, mais il vaut mieux ne pas engager une discussion intime tard le soir, quand notre partenaire n'a qu'une envie, celle d'aller se coucher. Quelle que soit la justesse de nos arguments, nous courons le risque d'aggraver le conflit et la mésentente.

Six aspects de la communication doivent être pris en considération. Si nous sommes capables de les maîtriser, ils deviennent une forme de méditation.

La clarté

Nous devons être clairs au sujet des détails d'un événement que nous relatons, des circonstances qui lui sont associées et de notre attitude à cette occasion. Il nous faut parler aussi précisément que possible pour être entendus. Exagérer ou minimiser une situation est malhonnête vis-à-vis de nos interlocuteurs. Apprenons à décrire ce qui s'est passé, ce qui se passe et ce qui risque de se passer dans un langage clair et concis. Notre discours doit être le reflet de la réalité.

Les émotions

Nos émotions sont-elles agréables, déplaisantes ou neutres ? Nous devrions peut-être commencer nos phrases par : « Voici ce que je ressens. » Nous risquons sinon d'être accusés de prétendre détenir la vérité absolue sur toute chose.

Les pensées

De nombreuses pensées occupent notre esprit avant une conversation importante. Nous essayons de prévoir ce que nos interlocuteurs vont nous répondre, mais la communication ne se déroule pas toujours comme nous le voudrions. Nous devons garder l'esprit aussi clair que possible et être attentifs aux pensées qui surviennent durant le dialogue et qui nous empêchent d'entendre ce que disent les autres. Si nous ne sommes pas capables d'écouter, il y a peu de chances pour que les autres le fassent. Essayer d'imposer nos idées à quelqu'un provoque la rancœur ou le ressentiment, mais jamais la compréhension. Les personnes qui s'inclinent trop vite peuvent en outre, par la suite, développer de la colère vis-à-vis de celui qui les a réduites au silence.

Intentions et motivations

Qu'attendons-nous de la communication ? Sommes-nous raisonnables ? Nos intentions sont-elles entachées par nos désirs et par nos rêves ? Dans ce dernier cas, nous ne réalisons pas combien il est difficile d'entrer réellement en contact avec une autre personne. Nous devons considérer honnêtement les motivations qui nous animent. Faisons-nous preuve de sagesse et de bonté, ne cherchons-nous qu'à satisfaire notre ego ou bien à blesser les sentiments des autres ?

Se méfier des confidences
Dans certains cas, nous devons être très prudents dans ce que nous disons aux autres. Il nous faut, en retour, respecter toute demande de confidentialité. Le fait de divulguer une confidence est toujours source de confusion et de culpabilité.

L'investissement dans les résultats

Si nous attendons énormément des résultats d'une conversation, nous avons peu de chance d'atteindre le but escompté. Nous nous éloignons des autres au lieu de nous en rapprocher, et nous ressentons peur et colère. Une communication de qualité demande beaucoup d'attention et un environnement émotionnel sécurisant.

« Je » et « Moi »

Nous devons être conscients de la fréquence d'utilisation des mots « je » et « moi » dans nos conversations. Les autres personnes ont-elles les mêmes chances de s'exprimer ? Il n'est pas rare que les gens trouvent plutôt assommant d'écouter quelqu'un incapable de parler d'autre chose que de lui-même et de ses opinions. En petit groupe, certaines personnes préfèrent aussi attendre qu'on leur donne la parole plutôt que d'engager la conversation. Traitons systématiquement les autres comme nous voudrions qu'ils nous traitent. L'art de communiquer doit se cultiver au quotidien. Comme la méditation, il demande de l'attention, de l'intérêt et la capacité d'apprendre. La soif d'attention et d'approbation va à l'encontre de la compréhension mutuelle. Si nous négligeons ces problèmes, nous souffrons et faisons souffrir les autres. Lorsque nous nous laissons aller à critiquer ou à dénigrer autrui, nous déstabilisons notre esprit et celui de nos interlocuteurs. C'est en évitant la nervosité, l'impatience et la confusion, qui nous rendent vulnérables, que nous développerons une communication de qualité. Nous devons montrer clairement aux autres que ce qu'ils disent est inacceptable ou hors de propos, si tel est le cas. Il existe un moment où il est nécessaire d'interrompre les litanies négatives d'un tiers. Lors d'une conversation très animée, il peut être utile à cet égard de pratiquer la respiration contrôlée. On peut également y avoir recours après coup, afin d'éviter de ressasser encore et encore ce qui a été dit.

Faire face à l'épreuve du magnétophone
Vous êtes-vous jamais demandé si vous seriez surpris d'entendre les choses que vous dites si l'on vous enregistrait à votre insu ?

Méditer en écoutant

IMAGINEZ QUE VOUS ÊTES ASSIS dans un aéroport, attendant que votre départ soit annoncé. Il y a de nombreux bruits, notamment les annonces des vols, les conversations et le brouhaha ambiant. Votre méditation doit alors porter sur trois sortes de sons : les voix, les bruits mécaniques et ceux de la nature, ainsi que sur les moments de silence entre les bruits. Les sons arrivent dans vos oreilles, leurs vibrations touchent votre corps. Ils pénètrent votre être et imprègnent tous vos sens. Ces sensations vont et viennent. Si vous êtes suffisamment ouvert et réceptif, les sons vous traversent comme si vous étiez transparent. Malgré les pulsations de la vie autour de vous, vous constituez une forme creuse étrangère à cette activité. Vous écoutez sans raison ni motivations particulières. L'écoute se suffit à elle-même. Vous n'écoutez ni par plaisir ni par obligation. Cette forme de méditation vous aide à prendre au mieux conscience de l'instant.

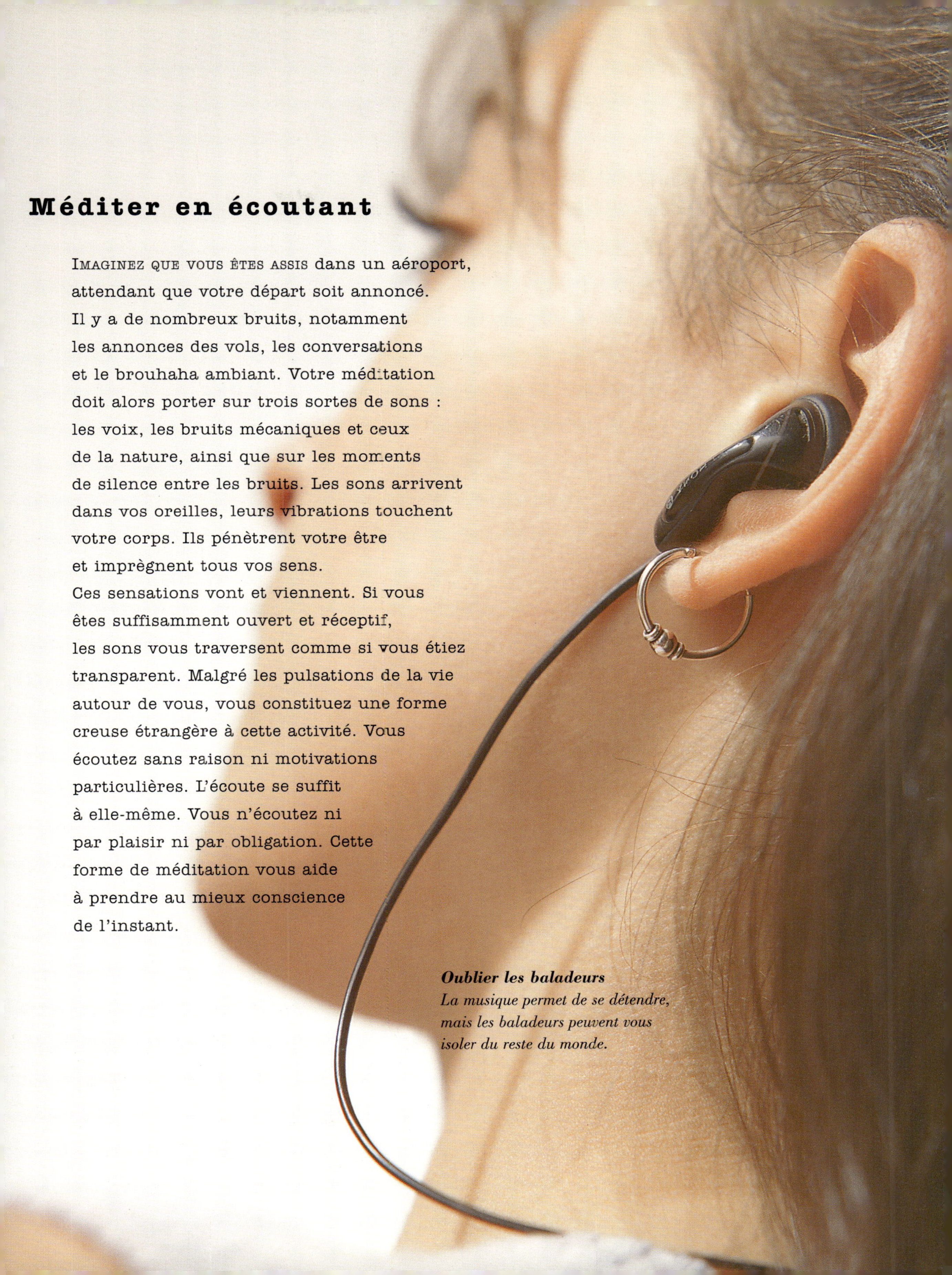

Oublier les baladeurs
La musique permet de se détendre, mais les baladeurs peuvent vous isoler du reste du monde.

Méditation et sexualité

La sexualité implique à la fois le cœur, l'esprit, le corps, la parole ainsi que l'action. En Inde, les bouddhistes et les hindous ont établi depuis des siècles l'importance des relations entre la sexualité et la spiritualité. Un texte sacré hindou, le Kâma-Sûtra, décrit diverses postures qui favorisent des relations sexuelles à la fois intenses et subtiles. Il en va tout autrement dans les autres religions d'Orient et d'Occident, où l'on différencie souvent le corps et l'âme sous prétexte que le premier est faible et la seconde susceptible d'élévation. Nous devons considérer la sexualité comme une expression de la conscience et l'intégrer dans notre pratique de la méditation. Il nous est nécessaire de cultiver certaines qualités, parmi lesquelles le respect et la sensibilité. Il faut pour cela faire l'amour en donnant joie et plaisir à son partenaire autant qu'à soi-même. Les relations sexuelles sont parfois guidées par le désir d'atteindre l'orgasme le plus rapidement possible avant de sombrer dans le sommeil. Cela peut être satisfaisant pour l'un des partenaires, mais décevant, voire frustrant, pour l'autre. Dans une relation faisant appel à la méditation, chacun apprend à écouter l'autre et à prendre conscience de ses différents mouvements. L'amour s'exprime d'abord par le langage. Avant de passer à l'acte, les deux partenaires doivent bien se connaître et se faire confiance. Il est important de savoir ce que chacun apprécie, quelles sont ses zones érogènes, ses préférences en matière de positions, de moments, d'endroits, et ce qu'il est prêt ou non à accepter. La méditation permet de faire des relations sexuelles un acte harmonieux, où chacun respecte vraiment le désir de l'autre…

Faire l'amour
Faire l'amour de manière créative dans le respect de l'autre demande de la sensibilité et une bonne connaissance de son partenaire. Chacun doit être attentif aux besoins de l'autre.

Cette forme de méditation permet à deux personnes de s'unir en silence, par le regard.

Méditer ensemble

- *Asseyez-vous en tailleur ou sur des chaises face à face, proches l'un de l'autre.*
- *Vous pouvez vous tenir les mains ou poser ces dernières sur vos genoux ou sur vos cuisses.*
- *Laissez la chaleur de votre cœur irradier par votre regard vers les yeux de votre partenaire.*
- *Si vous le souhaitez, vous pouvez laisser osciller votre corps d'un côté à l'autre.*
- *De temps en temps, laissez passer quelques mots d'amour entre vos lèvres.*
- *Ressentez la présence et la chaleur de l'autre dans tout votre corps.*

La sensibilité, l'amour et la passion préservent l'énergie sexuelle de deux partenaires. Certains yogis prétendent que la méditation et la spiritualité exigent la chasteté, afin de ne pas dilapider cette énergie. C'est une opinion légitime, mais qui peut se discuter. À chacun d'écouter sa voix intérieure et de mener ses propres expériences. Il n'est pas rare que des relations sexuelles libèrent l'énergie et élèvent le niveau de conscience – à l'inverse de ce qu'affirment certains. Agissez selon ce qui vous permet de vous accomplir pleinement.

Établir un lien
Il est important de prendre le temps de bien se connaître en établissant le contact des yeux et des cœurs.

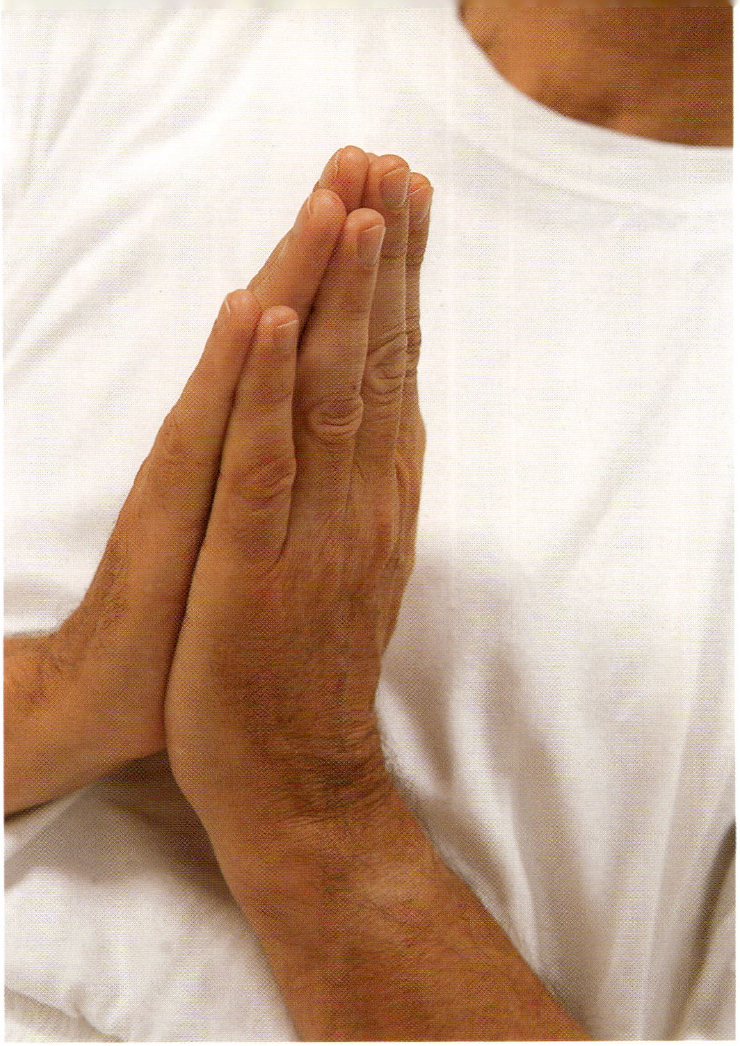

Faire une prière
La prière peut nous permettre d'accéder à quelque chose qui nous dépasse.

En pratique

- *Méditez sur vous-même en vous considérant comme une vaguelette dans le vaste océan de la vie. À mesure que votre démarche s'approfondira, vous vous fondrez dans ce grand tout.*

Prière et méditation

IL EXISTE DEUX SORTES DE PRIÈRES. L'une est l'expression de l'intérêt que l'on se porte à soi-même. L'autre nous élève et nous transcende. Dans le premier cas, nous demandons quelque chose ; il s'agit d'une requête, d'une supplique. Notre petit moi demande aide et soutien à une entité plus puissante que lui. Il est fréquent que les êtres humains, même les athées les plus convaincus, s'adressent à Dieu en cas de danger ou de détresse. On prie aussi parfois pour obtenir une satisfaction personnelle, une plus grosse voiture, plus d'argent ou un travail plus intéressant... Mais la vraie prière nous rapproche de l'absolu.

Le problème des sectes

Il existe des centaines de religions et d'organisations à visée spirituelle. Beaucoup d'entre elles prônent la sagesse et la tolérance. Soyez toutefois méfiant vis-à-vis des mouvements dont les buts principaux sont la conversion des adeptes et la construction d'un empire ici-bas ; ceux-ci se distinguent par leur intolérance. Ce type de rassemblement peut faire l'objet de dysfonctionnements importants concernant le pouvoir et le dogme. Restez vigilants afin de repérer les indices qui signalent ce type d'organisation. Ce sont les suivants :

- *L'existence d'une autorité qui assoit son pouvoir sur une légitimité historique.*
- *Une croyance forte envers les préceptes d'un gourou ou d'un livre, et le respect d'un dogme rigide.*
- *Une volonté affirmée de la part du leader de dominer ses « fidèles », ainsi qu'un usage fréquent des mots « je », « moi », « nous et les autres » dans son discours.*
- *Une glorification de la famille, de l'obéissance, et une affirmation de la supériorité du dogme sur les autres.*
- *L'exclusion ou l'intolérance pour les personnes extérieures au groupe, pour leurs croyances, leurs pratiques et leurs enseignements.*
- *Un sentiment de rejet, de peur ou de culpabilité en cas de doute légitime.*

On peut méditer tout en tirant les leçons des expériences des autres, mais sans s'impliquer dans des croyances et des organisations aux buts discutables.

Être vigilant face aux sectes
Les sectes ont des préoccupations très matérialistes et cherchent à exploiter financièrement leurs membres.

Associer alimentation et spiritualité
Nous ne sommes pas ce que nous mangeons, mais la manière dont nous nous alimentons a certainement une influence sur notre vie spirituelle.

Quinze facteurs pour améliorer sa vie

Les facteurs de la transformation intérieure sont les suivants :

La révélation
Certaines expériences peuvent transformer complètement notre vision du monde. À partir de ce moment, notre existence connaît une orientation différente. Nous obéissons à de nouvelles valeurs, de nouvelles priorités, et nous faisons entrer l'amour et la liberté dans notre quotidien.

Le style de vie
De plus en plus de personnes comprennent que la prospérité n'est pas un but en soi. Elles réalisent, en effet, que toujours plus de richesses ne suffisent pas à combler leurs besoins. Elles prennent alors la décision de vivre avec davantage d'authenticité et de simplicité.

Les rites
Le danger des rituels est qu'au lieu de contribuer à une prise de conscience spirituelle, ils peuvent avoir un effet contraire. Si la participation à un rite peut nous amener à une véritable ouverture de conscience, il arrive à certains de pratiquer une religion sans jamais prendre le temps de réfléchir à ce qu'elle peut leur apporter.

La créativité
Il est vraiment dommage de passer une seule journée de la vie sans exprimer notre créativité. La méditation alimente ce merveilleux aspect de l'existence.

L'alimentation
En Inde, le régime végétarien a toujours été considéré comme un facteur indispensable pour une véritable vie spirituelle. Nous pouvons nous nourrir convenablement sans porter atteinte aux autres formes de vie consciente. De plus en plus de personnes deviennent végétariennes, pour des raisons éthiques autant que pour leur santé.

Les groupes de travail
Les réunions et conférences dédiées à la méditation sont des expériences ponctuelles au cours desquelles nous apprenons des autres mais aussi de nous-mêmes.

La méditation
La méditation repose sur deux grands principes : la relaxation et le retour sur soi. La première favorise le bien-être, la santé, l'énergie et la guérison. Le second contribue à la prise de conscience, à l'introspection et à la réflexion sur la nature des choses.

Le mouvement
Le yoga, le tai-chi, le jogging, les massages et la danse favorisent la transformation intérieure et la relaxation. Ils apportent de l'énergie au corps comme à l'esprit, ainsi qu'un sentiment de symbiose avec l'univers.

Les pèlerinages
Les pèlerinages sont des voyages porteurs d'une haute charge spirituelle.

La psychothérapie
La psychothérapie peut contribuer à soigner l'esprit, le cœur et le corps.

Le retour sur soi
La sagesse naît de la réflexion plutôt que des jugements portés à la hâte.

La lecture
C'est une forme de méditation qui peut nous aider à une meilleure compréhension de nous-mêmes.

Les retraites
Elles constituent une bonne manière de faire l'expérience de la méditation.

La générosité
Nous changeons lorsque nous apprenons à rendre service, à donner plutôt qu'à prendre. La générosité survient quand nous prenons conscience de son bien-fondé.

La solitude
Elle contribue à nous grandir en tant qu'êtres humains à condition qu'elle soit voulue.
En revanche, le repli sur soi n'est pas bénéfique.

Se plonger dans la lecture
La lecture peut vous aider à mieux vous comprendre vous-même.

Amour et bonté

En pratique

1 Installez-vous confortablement et détendez-vous. Fermez les yeux et laissez-vous envahir par un sentiment d'amour envers l'existence. Vous atteindrez ainsi un agréable état de relaxation. Si vous le souhaitez, portez votre attention sur une personne ou sur une chose que vous aimez et appréciez. Laissez ensuite ce souvenir ou cette image disparaître de votre conscience pour ne plus garder qu'une sensation de chaleur, d'amour et de bonté dans votre cœur. Ce sentiment deviendra de plus en plus profond à mesure que vous progresserez dans votre pratique.

2 Laissez cette sensation d'amour se répandre en vous. Sentez la chaleur, le bien-être et l'amour gagner peu à peu toutes vos cellules.

3 Dirigez alors cet amour sur ceux que vous aimez. Il peut s'agir d'amis ou de membres de votre famille, mais aussi de personnes que vous ne connaissez pas mais pour lesquelles vous ressentez un immense respect, de la gratitude et que vous appréciez.

Répandre la bonté
Ce que vous éprouvez dans votre cœur trouve son chemin dans le monde extérieur. Répandez amour et bonté sur vos amis, sur des étrangers et même sur certains de vos ennemis.

4 Visualisez des étrangers – des personnes que vous connaissez à peine et avec lesquelles vous n'avez que peu de contacts. Il peut s'agir de foules ou d'individus. Laissez la chaleur de votre amour se répandre sur ces images mentales d'étrangers avec lesquels vous n'avez sans doute aucune chance de nouer des liens personnels plus étroits.

5 Terminez en laissant votre amour et votre bonté se répandre sur des personnes que vous aimez moins. Parmi elles se trouvent peut-être des gens qui ne vous apprécient pas non plus. Puis dirigez votre amour vers ceux que vous ne comprenez vraiment pas. Ce mode de méditation vous aide à surmonter la colère, les pensées négatives, la haine et le désir de revanche. Elle vous apprend à garder un esprit souple et clair face aux difficultés et aux situations délicates. Le fait de pratiquer régulièrement cet exercice enrichira également votre vie intérieure.

Vous souffrez lorsque vous êtes blessé ou en colère. Vous permettez alors aux autres d'avoir une influence sur votre vie intérieure. Le fait d'exprimer votre amour face aux circonstances difficiles vous permet de surmonter celles-ci et de vous élever au-dessus des limites que cherchent à vous imposer les autres et que vous vous imposez à vous-même.

Lorsque vous serez capable de répandre amour et bonté sur les gens que vous aimez, et ceux que vous aimez moins, vous pourrez élargir le champ de votre méditation afin que cette attitude mentale devienne une manière d'être. Souvenez-vous de nommer les personnes importantes de votre vie en méditant. Composez vos propres prières ou chants qui vous aideront à conserver un cœur ouvert et réceptif. Ces paroles peuvent prendre les formes suivantes.

- *Puissent mes professeurs, les gens qui m'entourent, ceux que j'aime, mes amis et mes relations vivre libres de toute douleur ou chagrin.*
- *Puissent les animaux et toutes les créatures de la terre, des airs et des océans vivre en paix et en sécurité.*
- *Puissent mes activités quotidiennes contribuer au bonheur, à la guérison et à la clairvoyance des autres.*

Vous échangez, en différentes occasions, de brefs contacts avec une ou plusieurs personnes. Avant ou après la rencontre, il vous est possible de leur adresser les pensées d'amour et de chaleur suivantes :

- *Puissiez-vous être heureux.*
- *Puissiez-vous échapper à la douleur.*
- *Puissiez-vous vivre en paix.*

Si cette attitude d'amour et de bonté préside à tous vos échanges avec les autres, vous améliorerez grandement vos relations. Ouvrez votre cœur pour répandre votre amour sur vos proches, et ceux qui vous sont étrangers.

Tenir un journal

Des millions de personnes tiennent régulièrement un journal. Dans la plupart des cas, elles notent au jour le jour ce qu'elles ont fait et qui elles ont rencontré. Dans le cadre de la méditation, cette activité a un objectif différent. Son but premier est de rester en contact avec la vie intérieure. Les faits de la vie quotidienne importent moins. Le journal constitue une manière de se chercher soi-même en lui confiant ses sentiments, ses pensées et ses expériences spirituelles. Il permet de faire la part entre les moments ordinaires du quotidien et ceux où l'esprit occupe le premier plan.

Journal intime et vie intérieure
Un journal vous aidera à rester en contact avec votre vie intérieure.

Ouvrir

son cœur,

éveiller

son

esprit

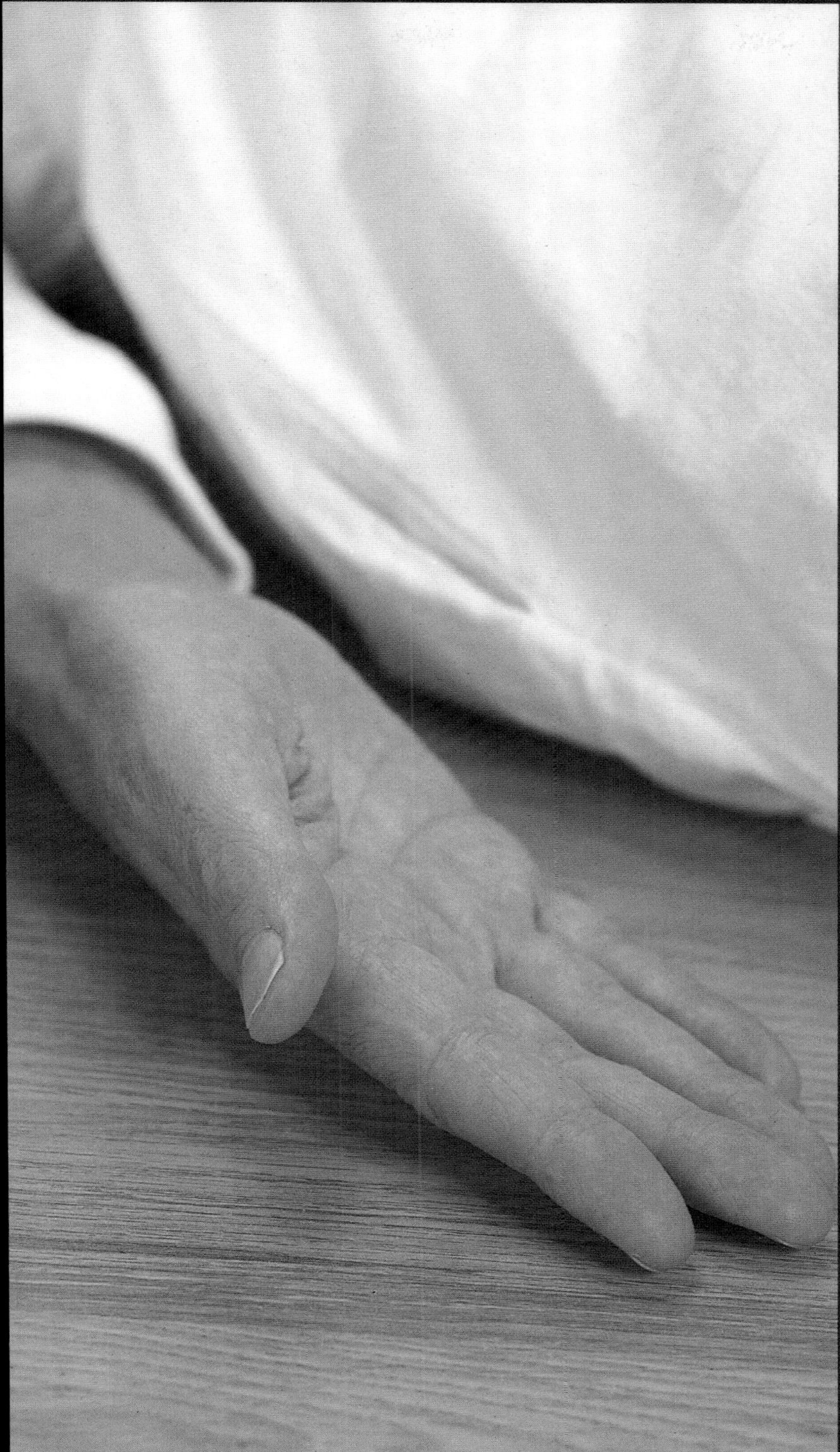

Le mudrâ des quatre éléments s'accomplit en posture couchée. Il nous aide à nous mettre en symbiose avec les quatre éléments fondamentaux que sont la terre, l'eau, la chaleur et l'air.

La méditation ne se borne pas à ouvrir notre cœur et à éveiller notre esprit ; elle nous conduit à une profonde prise de conscience qui nous permet de nous libérer et de nous accomplir dans notre vie quotidienne. Nous ne devons pas perdre de vue qu'elle appartient à un courant d'enseignements qui reposent sur l'éthique, sur la compassion et sur la quête de la sagesse.

À MESURE QUE NOUS MAÎTRISONS les techniques de la méditation, nous sommes tout naturellement amenés à reconsidérer chaque aspect de notre vie. Il nous arrive alors de souhaiter intégrer cette expérience à toutes nos activités physiques et spirituelles, tant la méditation développe l'esprit et la conscience dans le profond respect de tous les actes de la vie quotidienne.
L'une des clés de la méditation est sa mise en pratique. Celle-ci possède de nombreuses applications et ne doit pas se limiter à une ou deux fonctions, comme de soulager le stress ou la douleur. Nous ne devons pas oublier que nous avons la capacité de modifier tous les aspects de notre vie. C'est à nous de décider jusqu'à quel point nous voulons développer cette pratique.

Atteindre la joie
La pratique de la méditation permet de transformer tous les aspects de votre vie et d'accéder à la joie et au bonheur.

S'ouvrir à la vie
En vous asseyant paumes tournées vers le haut, vous vous ouvrez à la vie dans sa globalité.

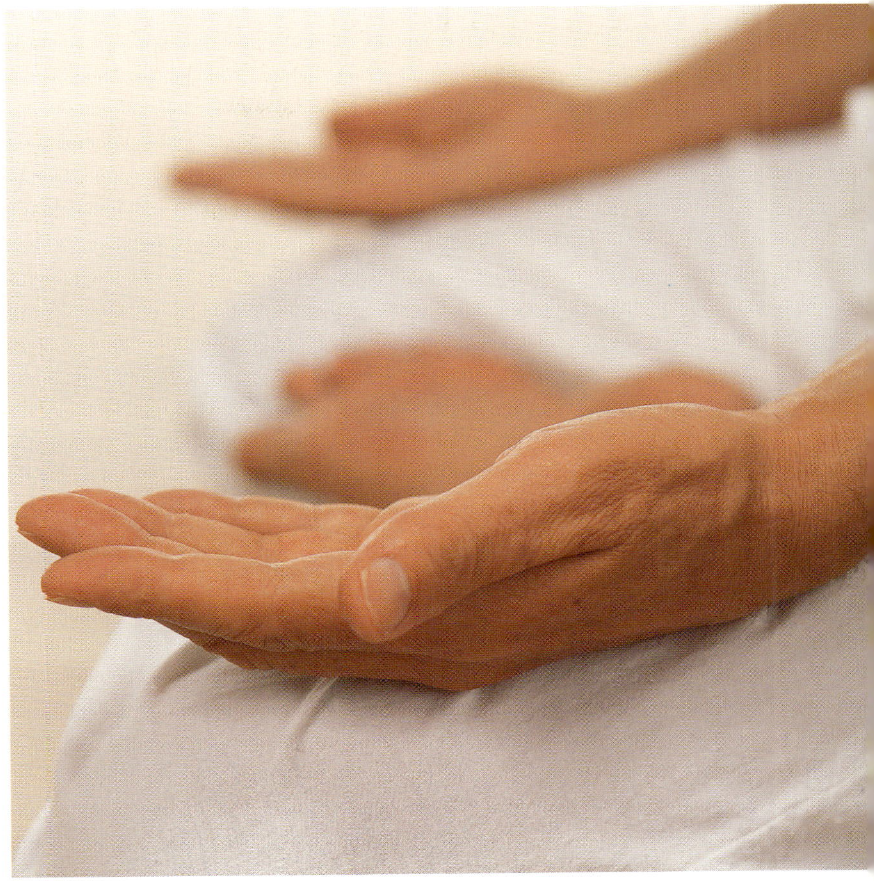

Qu'apporte la pratique de la méditation ?

- *La pratique libère le corps de toutes les habitudes destructrices ou néfastes.*
- *La pratique libère l'esprit de l'avidité, de la haine et de la confusion.*
- *La pratique permet de cultiver sa vie intérieure, d'approfondir son regard et de découvrir la vraie nature des choses.*
- *La pratique permet à chaque individu de se transformer, qu'il soit seul ou en groupe.*
- *La pratique englobe les aspects sociaux, religieux et politiques de l'existence. Elle nous permet d'avoir une influence sur le monde avec la volonté de combattre les abus de pouvoir.*
- *La pratique permet de relever les nombreux défis qui jalonnent toutes les expériences et situations. Par moments, la lutte est un élément essentiel de la pratique.*
- *La théorie sans pratique est inutile. La pratique sans raison est aveugle. La pratique sert à ouvrir la voie à la concentration, à l'expérience et à la connaissance.*
- *La pratique est le prélude au retour sur soi et à la clairvoyance. Elle se traduit par un mode de vie au service des autres.*
- *La pratique permet d'élaborer une réelle prise de conscience à partir des perceptions, des actions dictées par la compassion, des visions que nous pouvons avoir, ainsi que de notre sensation de libération.*

Dix aspects de la vie à explorer

Vous trouverez ci-après une liste de certains aspects de votre existence qui jouent un rôle dans l'efficacité de votre pratique de la méditation et dans la manière dont vous appréhendez le quotidien.

1 Rejetez tout moyen de gagner votre vie qui puisse porter préjudice aux personnes, aux animaux ou bien à l'environnement ; tournez-vous vers des activités utiles et irréprochables sur le plan éthique. La tradition bouddhiste incite à privilégier tout moyen d'existence sain plutôt que de sa carrière.

2 Réfrénez votre train de vie et n'accumulez pas les possessions. Cela implique une certaine sagesse et un détachement vis-à-vis des choses matérielles.

3 Demandez-vous combien d'heures vous passez chaque semaine devant un écran, qu'il s'agisse de la télévision, d'un ordinateur ou de cinéma. Méfiez-vous des sentiments de frustration, de colère, d'ennui et d'énervement qui en découlent.

4 Prenez fermement la décision de travailler sur vous-même. Cela concerne les aspects spirituels, émotionnels, intellectuels et physiques de votre personne, mais aussi la nature de vos relations avec les autres. Ayez la volonté de refuser tout ce qui est mauvais pour l'esprit et concentrez-vous uniquement sur des pratiques qui l'élèvent et l'enrichissent.

5 Nous sommes tous confrontés chaque jour à des situations où nous devons donner notre avis. Si vous dites « oui », « non », ou « voici ce que j'en pense », soyez sûr de vous et tenez vos engagements par la suite. Si vous ne le faites pas, vous subirez le jugement des autres et aurez à vous défendre ou à justifier votre comportement, au détriment de la méditation.

6 Développez des contacts avec autrui grâce, notamment, aux communautés, aux amitiés, aux réunions, aux pèlerinages et aux retraites. Vous trouverez amour et sagesse dans le cœur et l'esprit des autres, et profiterez de l'expérience de ceux qui sont plus avancés que vous dans la pratique quotidienne de la méditation.

Donner à ceux qui en ont besoin
Donner met votre cœur en contact avec des personnes qui sont dans l'embarras ou le besoin.

7 Pour être réellement plus heureux, suivez les préceptes suivants : être plutôt qu'avoir, partager plutôt que prendre, laisser passer plutôt que retenir, s'ouvrir plutôt que se replier sur soi-même. En faisant vôtre ce credo, vous parviendrez à une meilleure compréhension des choses.

8 Apprenez à aider les plus faibles que vous grâce à votre temps, votre argent ou les deux, directement ou par le biais des organisations caritatives. Sachez exprimer votre compassion sans retenue.

9 Asseyez-vous régulièrement pour méditer et analyser les pensées, les opinions, les idées et les convictions qui naissent et se dissolvent dans votre esprit. Vous prendrez ainsi conscience de la manière dont les tourments surviennent puis disparaissent.

10 Soyez ouvert aux joies que vous offrent la méditation : les contacts avec les autres, la nature, la créativité, l'art, la clairvoyance et votre liberté nouvelle. Ne laissez pas passer d'occasions de célébrer les merveilles et les mystères de la vie. Ayez régulièrement recours à la méditation pour trouver la plénitude, l'équilibre et la liberté d'être.

Larmes et gouttes d'eau (poème)

*ÉCOUTONS le chant de notre corps,
Prenons le temps d'entendre
ce qu'il dit.
Rien ne peut nous en détourner
malgré tout notre savoir.*

*RECONNAISSONS notre appartenance
à un monde naturel,
Où l'intimité prend le pas
sur les impératifs du quotidien,
Et où la joie est omniprésente.*

*NOS CHEVEUX poussent librement
sur notre tête,
Telles les herbes sauvages
de ce monde sphérique.*

*NOS CORPS reposant sur le côté
évoquent
Les doux contours des collines
et des vallées.*

*NOTRE RESPIRATION est lente
et profonde,
Comme le vent qui souffle
sur les landes.*

*NOTRE SANG coule dans nos veines
et nos artères,
Comme les fleuves et les rivières
dans la campagne.*

*DE LOURDES PAUPIÈRES se ferment
sur les plaines,
Provoquant l'obscurité.*

*ÉCOUTONS gronder les tempêtes
Qui traversent la terre
tels des ouragans*

*TANDIS que la lumière du jour
s'estompe avec la nuit.*

*LES OS et les articulations,
Les jointures, les doigts
et les coudes
Sont tels des rochers de granit.*

*CETTE BÉNÉDICTION consacre
l'harmonie et la plénitude.
Quand tout est révélé,
Quand le mot « moi » est oublié.*

*DANS LA MOITEUR du corps
encore palpitant,
La sueur sourd de la peau
Telle la brume qui s'élève
au-dessus de la campagne.*

*DE TEMPS EN TEMPS,
Les larmes montent et coulent
subitement,
Comme s'écrasent les gouttes
d'un orage estival.*

*TOUFFES DE CHEVEUX emmêlés
comme dans les plaines en friche.
La vie des hommes va au-delà
des apparences.*

*LES MOTS NAISSENT de cette
mémoire du sang.
Les êtres ne se limitent pas
à leur enveloppe charnelle,
Ils trouvent leurs racines
dans le paysage,
Là où tout est démesuré.*

*ÉCOUTONS MAINTENANT
LE CHANT QUI S'ÉLÈVE
DE NOTRE CORPS.*

L'éthique

Vous ne devez pas perdre de vue que la méditation appartient à un courant d'enseignements cohérent, comprenant l'éthique et la recherche de la sagesse. L'éthique a pour objectif d'éviter de blesser les autres ou de se blesser soi-même par des actions physiques, des paroles ou des pensées. Les bouddhistes ont établi cinq règles d'éthique à ne pas transgresser.

Les adeptes de la méditation respectent les règles suivantes :

- *Ne pas blesser ni tuer.*
- *Ne pas voler.*
- *Ne pas être l'auteur de sévices sexuels.*
- *Ne pas mentir.*
- *Ne pas abuser de l'alcool et des stupéfiants.*

À certains moments, nous pouvons être tentés de transgresser ces règles, mais notre intégrité et notre clairvoyance sont mises à mal lorsque nous ne les respectons pas. Il convient de méditer sur leur sens. Nous créons de la souffrance lorsque nous nous livrons aux actes suivants :

- *Si nous nous laissons aller à un acte de violence.*
- *Si nous nous emparons de ce qui nous plaît sans égard pour le préjudice causé.*
- *Si nous abusons sexuellement de quelqu'un.*
- *Si nous parlons sans tenir compte de la réalité.*
- *Si nous détruisons notre équilibre avec des produits toxiques.*

Refuser la souffrance
En méditant, levez une main pour vous souvenir qu'il est important d'écarter les actes qui sont source de souffrance.

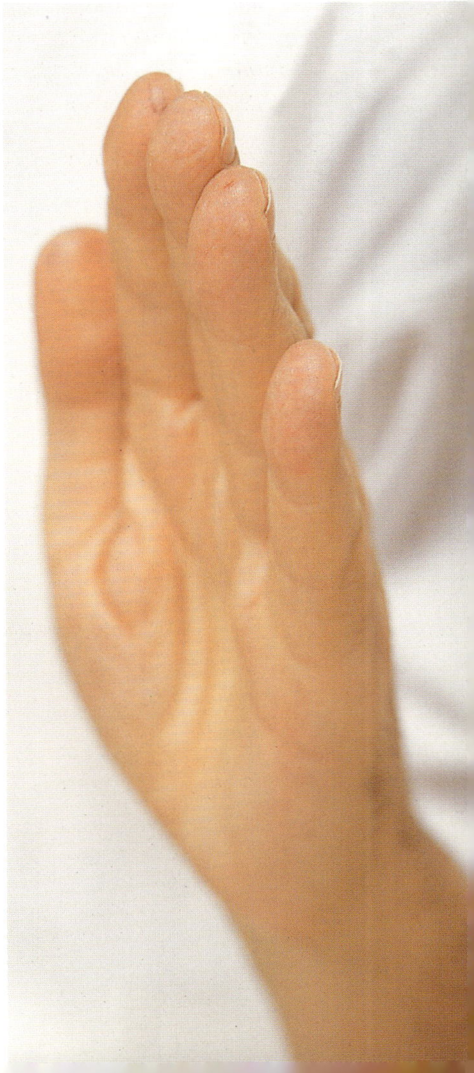

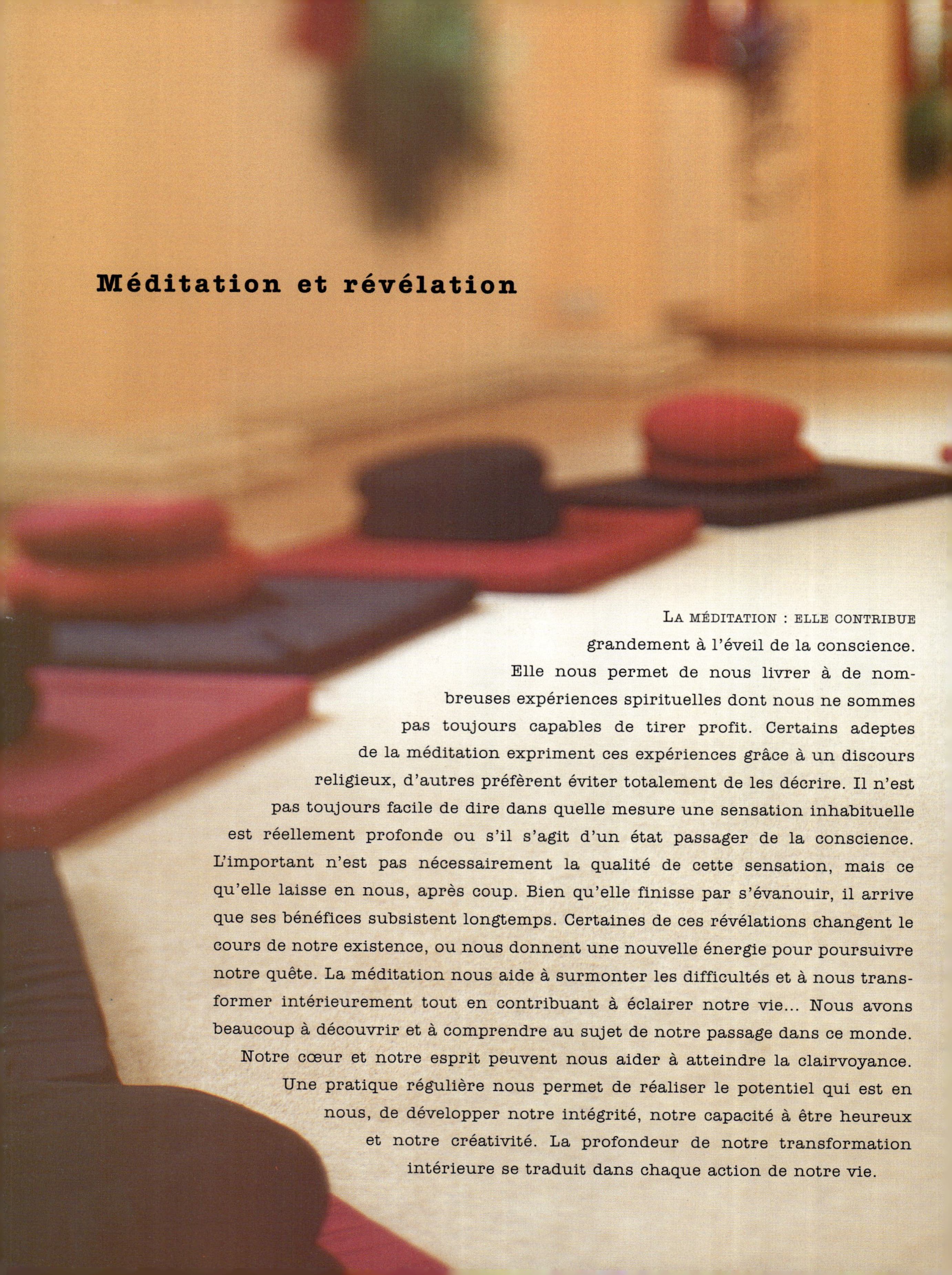

Méditation et révélation

La méditation : elle contribue grandement à l'éveil de la conscience. Elle nous permet de nous livrer à de nombreuses expériences spirituelles dont nous ne sommes pas toujours capables de tirer profit. Certains adeptes de la méditation expriment ces expériences grâce à un discours religieux, d'autres préfèrent éviter totalement de les décrire. Il n'est pas toujours facile de dire dans quelle mesure une sensation inhabituelle est réellement profonde ou s'il s'agit d'un état passager de la conscience. L'important n'est pas nécessairement la qualité de cette sensation, mais ce qu'elle laisse en nous, après coup. Bien qu'elle finisse par s'évanouir, il arrive que ses bénéfices subsistent longtemps. Certaines de ces révélations changent le cours de notre existence, ou nous donnent une nouvelle énergie pour poursuivre notre quête. La méditation nous aide à surmonter les difficultés et à nous transformer intérieurement tout en contribuant à éclairer notre vie... Nous avons beaucoup à découvrir et à comprendre au sujet de notre passage dans ce monde. Notre cœur et notre esprit peuvent nous aider à atteindre la clairvoyance. Une pratique régulière nous permet de réaliser le potentiel qui est en nous, de développer notre intégrité, notre capacité à être heureux et notre créativité. La profondeur de notre transformation intérieure se traduit dans chaque action de notre vie.

Les signes de la sagesse

La méditation nous aide à prendre conscience de ce que signifie être en vie chaque jour. Elle nous permet de trouver notre plénitude en tant qu'êtres humains. Les signes indiquant que nous avons atteint la lumière sont les suivants :

- *La conscience de l'Incommensurable Vérité qui embrasse la diversité et l'unité, la stagnation et l'évolution, la relativité et l'absolu.*
- *Un cœur empli d'amitié et d'amour pour chacun.*
- *La connaissance des conditions qui engendrent la souffrance.*
- *Le respect et l'application des enseignements qui reposent sur l'éthique, la méditation et la sagesse.*
- *L'expression quotidienne d'un esprit libre et généreux.*
- *La gaieté, la bonté, l'humour, et l'absence visible de souffrance.*

Que chaque être vive
en toute conscience.
Que chaque être comprenne
le sens de la vie.
Que chaque être trouve
la lumière.

Adresses et sites Internet

NOUS AVONS SÉLECTIONNÉ POUR VOUS quelques adresses Internet parmi les très nombreux sites existants. Restez toujours vigilant et attentif à la qualité des cours, stages, conseils, retraites ou enseignements qui vous seront proposés.

SITES INTERNATIONAUX EN LANGUE FRANÇAISE

www.butsudo.net
Méditation zazen : conseils, instructions et débats

www.deeshan.com
Sagesse journalière, la méditation du jour

www.dorje-ling.net
Enseignements et postures de méditation

www.goecities.com
Djampeilleling, stages sur la méditation et la respiration

www.mt-maharishi.com
Les sept étapes de la méditation transcendantale

www.psynergie.com
Méditation : prise de conscience, retraites

www.tao-yin.com
Arts énergétiques et méditation

www.yogi-ling.net
Stages de peinture et méditation

www.zen-boulay.com
Méditation zen, enseignement et activités

www.zenpourvous.org
Pratique de la méditation, cours par correspondance

mogwai.simplenet.com
La méditation : ramener l'esprit en lui-même

psycho-ressources.com
Les différentes formes et techniques de méditation

FRANCE

www.citeweb.net
Centre Shri Aurobindo, méditation et yoga

www.ifrance.com
Zafu, coussins de méditation

www.kadampa-fr.org
Séances de méditation avec ou sans chants

www.meditationfrance.com
Techniques de méditation et prise de conscience

pro.wanadoo.fr
Cours et stages de méditation : postures, respiration

3lotus.free.fr
Thèmes de méditation, contrôle des images mentales

SUISSE

www.access.ch
Partage International, introduction à la méditation

www.bouddha.ch
Méditation et spiritualité

www.lechim.ch
Enseignement de la méditation Vipassana

CANADA/QUÉBEC

www.gilray.ca
Vivre sans stress : programme de méditation, conférences

www.mpcmontreal.homestead.com
CML de Montréal, méditation dans la tradition bouddhiste

www.suttama.dhamma.org
Centre de méditation Vipassana du Québec

www.tm.org
Cours de méditation transcendantale, Montréal

www.zenmontreal.ca
Centre Zen de Montréal

www3.sympatico.ca/meditaction
Méditation, nettoyage énergétique par la méditation

QUELQUES ADRESSES

CENTRE DE MÉDITATION SIDDMA YOGA
10, rue Bachaumont, 75002 Paris

CENTRE DE MÉDITATION ET DE DÉVELOPPEMENT PERSONNEL
58, rue La Boétie, 75008 Paris
Enseignement et formation

L'ESPACE *3, rue Thiers, 84000 Avignon*
CD et cassettes de méditation

CENTRE ZEN DE MONTRÉAL
824, Park Stanley, Montréal (Québec) H2C 1A2

MÉDITATION TRANSCENDANTALE
4824, chemin de la Côte-des-Neiges
Montréal (Québec) H3V 1G4
Cours de méditation

Cassettes, CD-Rom et enregistrements divers

Certains supports musicaux compléteront harmonieusement l'enseignement reçu. Musiques douces, prières, poèmes ou mantras... vous aideront à vous relaxer, à faire le vide dans votre esprit et à progresser dans vos exercices. Grâce à leurs multiples résonances et aux moments de silence qui les parcourent, les sons nous soutiennent dans notre effort de méditation et nous permettent de faire abstraction des autres bruits, moins agréables, qui nous entourent.
Vous trouverez, à la fin de cet ouvrage, un CD composé de dix thèmes, qui pourront accompagner votre méditation lors des différents moments d'une journée ou être écoutés à la suite, d'une seule traite : la lumière, l'infini, la cérémonie du thé, les fleurs, la danse, la nature, la sérénité, la joie, la présence à soi, l'estime de soi.
De nombreux autres supports existent que vous pourrez vous procurer par correspondance (voir sites Internet ci-dessous), chez un spécialiste ou chez votre disquaire habituel. Nous vous souhaitons d'excellents moments de détente.

Musique

www.ameslumiere.com
CD et musiques pour la méditation
www.quantikmusic.com
Musiques pour la méditation et le mieux-être
www.plumebleue.ch
Musiques d'ambiance et de relaxation : chants sacrés, chants du monde et sons de la nature

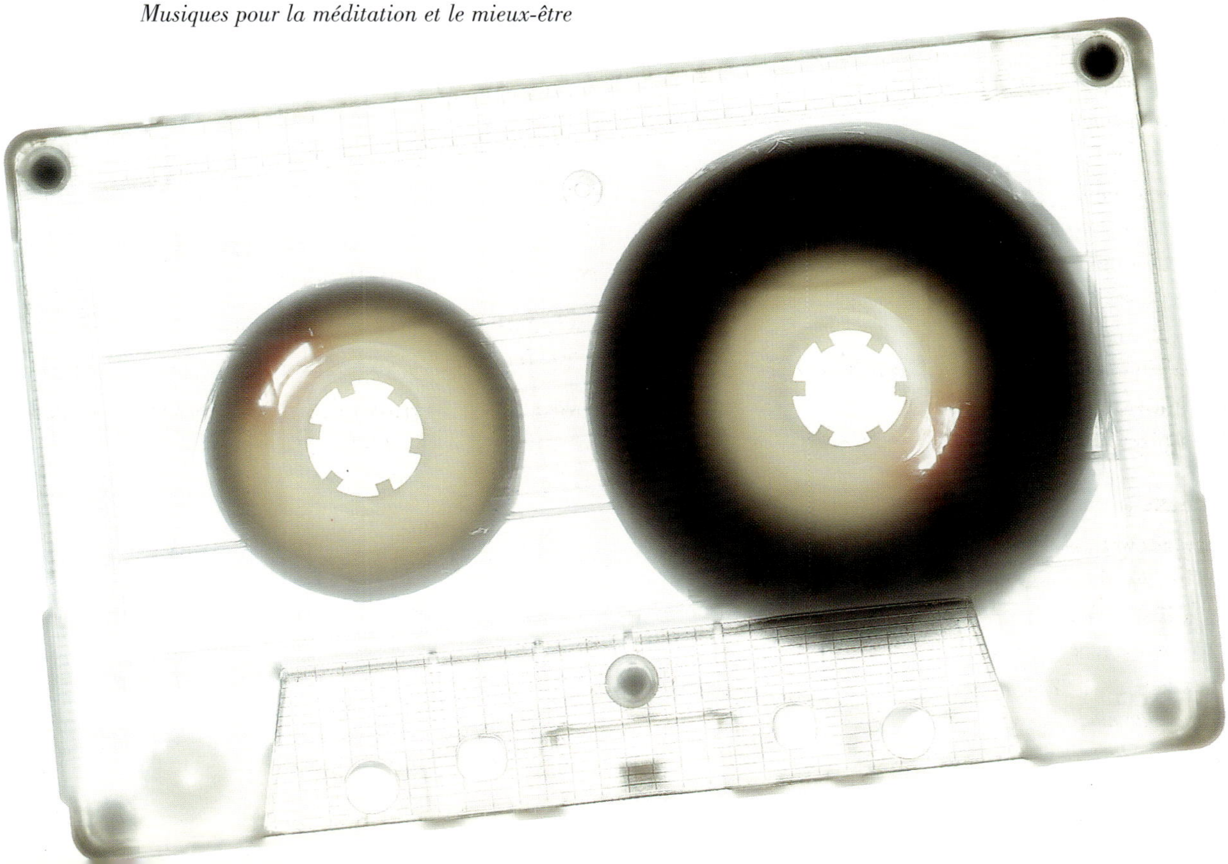

Index

Les folios en italique renvoient aux illustrations.

Remerciements

Je voudrais exprimer ma gratitude au Bouddha dont l'expérience a permis à l'humanité d'accéder à la méditation. Lorsqu'il reçut l'illumination parfaite sous l'arbre de Bodh-Gayâ en Inde, le Bouddha parla infatigablement de l'importance de la conscience de soi, de la méditation, et d'une vie tournée vers la lumière. Ses enseignements inspirent toujours nos existences.

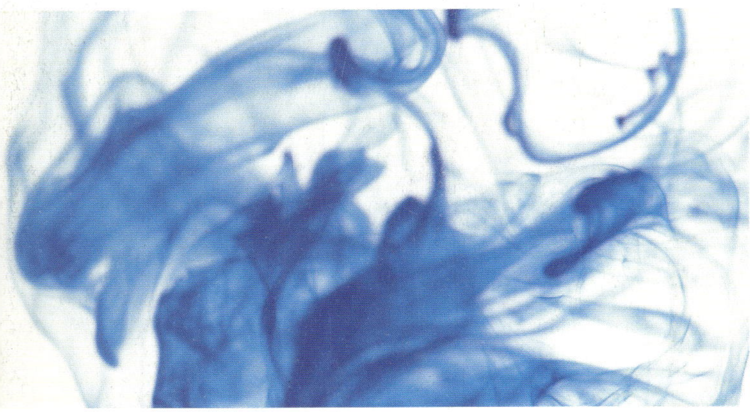

Je voudrais aussi remercier le vénérable Ajahn Dhammadaro (1914 —) de Wat sai Ngam (Monastère des Banians), à Supanburi, Thaïlande, grand maître en méditation (Vipassanâ). J'ai passé plus de trois ans en qualité de moine dans son monastère. Jour après jour, j'ai médité sous sa direction dans les postures assise, debout, couchée ou en marchant.

Le vénérable Ajahn Buddhadasa (1907-1993) de Wat Suanmoke (Monastère du Jardin de la libération), Chai ya, Sura Thani, Thaïlande, m'a apporté de précieux enseignements, connus sous le nom de Dharma dans la tradition bouddhiste, qui m'ont été très utiles au quotidien.

Ma gratitude va également à Sharda Rogell et Gill Farrer-Halls qui m'ont aidé à rédiger cet ouvrage. Sharda organise des retraites dans le monde entier en ma compagnie. Gill pratique la méditation depuis de nombreuses années et comprend son importance pour une vie de sagesse et de compassion. Leurs conseils m'ont été précieux.

Merci à Marnie Haslam, Elizabeth Healey, Rebecca Moy, Michelle Pickering et Hilary Sagar de Quarto pour leur coopération et leurs conseils lors de la première édition de cet ouvrage.

Je voudrais aussi remercier Nshorna, ma fille, pour sa tendresse et son soutien, ainsi que ma mère, mon beau-père et Gwanwyn Williams. Enfin, merci à tous les adhérents de Gaia House, notre centre de retraite dans le Devon, en Angleterre.

J'espère que cet ouvrage illuminera la vie de ses lecteurs, qu'ils méditent seuls ou en groupe. Puissent-ils y trouver la joie et la clairvoyance.

Puissent-ils trouver la paix
Puissent-ils vivre en harmonie
Puissent-ils accéder à l'illumination